그렇게 초등교사가 되었습니다

이 도서는 충청북도교육도서관의 교사, 책 출판 지원 사업의 일환으로 지원금을 받아
제작되었습니다.

# 그렇게 초등교사가 되었습니다

박현진 지음

내가
가르치고,
나를
일깨우는
아이들을
위하여

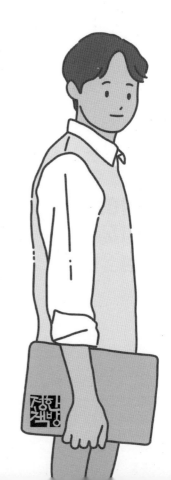

# 목차

# 교실 속에 작은 희망이 자라고 있어요!

요즘 들어 부쩍 학교와 관련된 안타까운 사건들이 언론에 보도되고 있습니다. 학생에게 인격모독을 하는 교사, 교사에게 폭언하는 학생, 교사와 학생의 부적절한 관계 등 사건의 종류도 정말 다양합니다. 이로 인해 교육의 주인공인 학생과 학부모가 공교육을 신뢰하지 못하고, 학교와 교사는 여론에 뭇매를 맞고 있는 것이 현실입니다.

하지만 주위를 조금만 둘러보면 훈훈하고 반가운 이야기들이 참 많습니다. 학생들을 사랑으로 가르치는 따뜻한 선생님들과 선생님을 진심으로 따르고 꿈을 키워나가는 제자들이 만드는 교실 속 희망의 이야기들입니다. 저도 초등학교 교사지만 당연히 어릴 땐 학생이었습니다. 초등학교부터 고등학교, 대학교까지 여러 선생님을 만났습니다. 교실 속 따뜻한 희망과 사랑을 채워주신 선생님들 덕분에 제 꿈을 키워나갈 수 있었습니다.

이 책 「그렇게 초등교사가 되었습니다」는 10년 차 초등교사인 저의 과거 경험과 생각을 정리한 결과물입니다. 제가 대학생 때는 청소년기에 있었던 아프지만 소중한 경험을 글로 기록했고 군대를 다녀와 교사가 된 이후에는 학급의 아이들과 1년을 함께한 배움과 성장의 순간을 사진과 글로 기록해두었습니다. 그리고 2017년부터는 〈오마이뉴스〉에 시민기자로 활동하면서 저의 경험과 생각을 많은 사람과 나누기 위해 '교실 속 작은 희망 이야기'를 연재했습니다.

그때 연재한 교육 이야기들은 독자들에게 많은 응원을 받았습니다. 저는 그 응원에 힘입어 제 이야기를 많은 분께 전해드리기로 마음먹고 이 책을 집필하게 되었습니다. 이 책에는 제가 교사로 발령받기 전 이야기부터 교사로서 아이들과 함께 삶을 살아온 이야기, 우리 사회의 교육 문제에 관한 교사로서의 생각이 담겨 있습니다.

제 어린 시절은 정말 파란만장했습니다. 경제적 어려움과 심리적 위기 속에서 절망하기도 하고 의미 있는 어른과 선생님을 만나 인생의 전환점을 맞이하기도 했습니다. 저는 그분들의 도움으로 교사가 될 수 있었습니다. 지금도 자신의 삶에 좌절하고 힘들어하는 친구들에게 이 책이 조금이나마 위로가 되었으면 합니다.

또 제가 초등학교 교사로 생활하면서 아이들과 함께 성장한 이야기들이 담겨 있습니다. 첫 학교에서 생활지도에 애를 먹었던 이야기, 화가 많은 아이와 자신감이 부족한 아이를 상담과 교육으로 변화시켰던 이야기, 제자에게 깜짝 선물을 받고 깨달음을 얻은 이야기까지 아이들과 함께했던 10년이라는 시간 동안 저와 아이들이 함께 성장한 의미 있는 교실 속 경험담이 독자들께 희망으로 다가가길 바랍니다.

학교에는 교육의 3주체가 있습니다. 그것은 교사와 학생, 그리고 학부모입니다. 모든 주체가 함께 참여하고 노력할 때 꿈과 사랑이 가득한 교실을 만들 수 있습니다. 경제적 소외계층을 지원하는 교육 이야기, 좋은 수업을 만들기 위한 교육 주체의 노력, 교육 3주체가 함께 참여하고 성장해 간 생활교육 이야기도 만나볼 수 있습니다. 제가 지향하는 '꿈과 사랑이 가득한 교실'의 모습이 현장에 있는 선생님들과 예비교사, 학부모님께 잘 전달되었으면 좋겠습니다.

최근 우리나라 교육에 위기가 왔다는 말을 많이 듣습니다. 교권은 추락하고 학교에서의 생활교육도 점점 한계에 다다르고 있습니다. 학교를 떠나고 싶어 하는 아이들도 많아지고 있어 안타깝습니다. 저는 이런 현실을 회피하지 말고 교실에서 함께 생활하는 교사와 학생이 힘을 합쳐 슬기롭게 위기를 극복했으면 좋겠습니다.

몇 년 전 제정된 김영란 법을 바라보는 저의 생각, 아이들과 좋은 수업을 함께 만들기 위한 저만의 방법, 체험학습 인솔 과정에서 교사의 책임과 역할, 아동 학대를 바라보는 교사이자 아빠로서 저의 생각을 글로 표현했습니다. 이 주제들을 교육 주체인 교사, 학부모, 어린이들이 함께 고민하는 시간이 되었으면 좋겠습니다.

저는 학생, 학부모와의 고독한 심리전으로 지쳐 있는 선생님들께 이 책을 꼭 선물하고 싶습니다. 선생님들은 아직 우리 주변의 가까운 곳 교실 속에서 작은 희망이 자라고 있다는 것을 알고 있습니다. 하지만 학교 업무에 지치고 학생, 학부모와 잦은 갈등으로 마음의 여유가 사라지면서 작은 희망이 피어나고 있는 교실을 잠시 보지 못할 뿐이지요. 이 책이 그런 선생님들께 작은 쉼표가 되어주고 교사로서 지녔던 초심으로 돌아갈 수 있는 계기를 만들어주기를 바랍니다.

이 책은 충북교육도서관에서 주최한 교사 책 출판 지원 사업으로 만들어졌습니다. 이런 영광스러운 기회를 주신 김병우 충청북도 교육감님과 충북교육도서관장님, 책 출판 사업을 진행해주신 박병희 교육연구사님께 감사의 말씀을 드립니다. 학교에서 교사 책 출판 지원 사업에 지원할 수 있도록 격려해주시고 응원해주신 사천초등학교의 심신동 교장 선생님과 김태선 교감 선생님께도 감사의 인사를 드립니다. 그리고 저와 함께 교실에서 삶을 보내온 제자들, 저와 같이 근무하며 조력자가 되어주신 동료 선생님들께도 고마움을 전합니다. 어린 시절부터 제가 선생님이 될 수 있게 항상 저를 응원해 준 벗 동우, 승용, 진호, 홍식이와 제가 밝은 세상을 맞이할 수 있게 도와주신 양원석 선생님, 이미영 선생님께 감사의 말씀을 드립니다.

끝으로 제 삶의 전부인 제 아내 예지와 두 아들 세현이와 도현이, 멀리서 저를 응원해주시는 부모님과 누나에게 이 책을 바칩니다.

# 1부

# 선생님이
# 되기로
# 했어요

# 1

## 사춘기 소년을 울린 선생님의 도시락

"여러분, 현대 문학에 대해 이제 이해할 수 있지요?"

"있지요? 있지요? 하하하."

2000년 12월, 중학교 3학년 교실. 졸업을 앞둔 시점이라 그랬을까요? 수업 자체가 힘들 정도로 소란스러운 국어 시간이었습니다. 유난히 끝부분을 강조해서 높은음으로 말하는 선생님의 말끝을 장난스럽게 따라 하는 일, 그때는 그것이 저의 유일한 즐거움이라고 생각했는지도 모르겠습니다.

수업 시간 45분 동안 쉼 없이 열정적으로 현대 문학을 가르치시던 국어 선생님의 심기를 건드릴 정도로 저는 끊임없이 선생님의 말투를 따라 하고 웃으면서 수업을 방해했습니다. 철없는 사춘기 남학생의 장난을 애써 인내하며 수업에 최선을 다하시던 선생님이셨지만 그날만큼은 정말 참을 수 없으셨나 봅니다.

"야, 박현진! 너 그만 안 해! 수업 끝나고 교무실로 와!"

"네, 가면 되잖아요!"

반 친구들 앞에서는 아무렇지 않은 척 당당하게 대답했지만 선생님의 무서운 눈빛과 날카로운 음성에 저의 속마음은 긴장되고 무서웠습니다. 그 순간부터 수업이 끝날 때까지 10분 동안은 우리 반 교실이 얼음장같이 차가웠고 저는 그 수업이 끝나지 않기만을 바랐습니다. 하지만 어김없이 수업이 끝나는 종이 울리고 선생님께서는 저를 쳐다보지도 않으시고 교무실로 향하셨죠.


## : 선생님의 한마디에 눈물 흘리다

교무실 맨 끝 쪽에 있는 선생님의 자리로 가는 걸음은 어느 때보다 무거웠습니다. 멀리서 보이는 선생님의 표정은 역시나 무서웠고 제 심장은 어느 때보다 격렬하게 두근거렸죠.

"왔구나. 앉아 봐. 현진아, 담임선생님한테 말해두었으니까 오늘은 선생님이랑 얘기 좀 길게 해보자."

제 걱정과는 달리 선생님의 말투와 표정은 정말 따뜻했습니다. 마치 심한 장난을 친 아들을 혼내고 미안해하는 엄마의 모습이 떠올라 저는 갑자기 울컥해버렸죠.

"현진아, 요즘 너 무슨 일 있는 거 맞지? 요즘 수업 시간에 아예 안 올 때도 많고 공부는커녕 일부러 선생님 힘들게 하려는 것 같기도 하고. 무슨 일이야?"

혼날 줄만 알았던 제 예상과는 달리 저를 걱정해주시는 선생님의 질문에 저는 결국 눈물이 터지고 말았습니다. 집에서, 교실에서 드러내지 않았던, 누구에게도 말하고 싶지 않았던, 힘들었던 지난날이 주마등처럼 지나갔기 때문이죠.

사실 중학교 3학년이던 2000년 한 해는 저에게 정말 큰 풍파가 몰아친 한 해였습니다. 시작은 정말 좋았어요. 3월 초에는 학급의 반장이 되었고 3월 말에는 전교 부회장 선거에 출마해서 당선까지 되었죠. 저는 학급에서 어떤 친구들과도 잘 지내는 유쾌한 반장이자 선생님들의 칭찬을 매일 매일 먹고 사는 밝고 명랑한 제자였습니다. 하지만 찬란하고 즐겁던 학교생활은 길게 가지 못했습니다.

그해 5월, 저의 행복은 갑자기 산산조각 흩어져버렸어요. 우리 집의 가장이자 든든한 내 편이었던 아버지가 갑작스레 돌아가시게 된 것입니다. 1997년 시작되어 우리나라를 강타한 IMF 경제 위기로 작은 건설 회사를 운영하던 아버지의 회사가 부도가 난 것이었습니다. 아버지는 그 이후로 채무와 노동, 한 가족의 가장이라는 어깨의 짐과 함께 사투를 벌이다가 과로와 충격으로 지쳐 돌아가시고 말았습니다.

중학교 3학년 사춘기에 접어든 저에게 이 사건은 말할 수 없을 정도로 큰 충격이었습니다. 당연히 누나와 엄마도 모두 다 큰 충격에 빠지고 말았죠. 게다가 상황은 더 나빠져서 가족끼리도 흩어져서 살 수밖에 없는 처지가 되었습니다.

## : 나를 슬프게 한 학교 점심시간

그나마 저에게 즐거움과 희망을 주는 곳은 학교밖에 없었습니다. 그곳엔 제 상황을 잘 모르고 아무 편견 없이 대해주는 친구들이 있었고 저를 믿어주는 선생님이 있었습니다. 하지만 딱 하나의 문제가 저를 정말 힘들게 했습니다. 바로 점심시간이었습니다. 요즘 학교를 생각해 보면 대부분이 점심 식사는 급식으로 제공하지만 그 당시 제가 다니던 중학교는 점심시간에 급식이 아닌 도시락을 싸가야 했습니다.

아버지가 돌아가시기 전까지만 해도 저의 점심시간은 하루 중 가장 즐거운 시간이었습니다. 따뜻한 보온 도시락에 제가 좋아하는 돈가스 반찬, 김치찌개, 계란말이, 제육볶음까지 남부럽지 않았습니다. 저는 아직도 이때 어머니가 싸주시던 도시락 반찬들을 정말 좋아합니다.

하지만 아버지가 돌아가신 이후로 저의 점심시간은 고통의 순간이 되었습니다. 어머니와 떨어져 있는 시간이 많다 보니 자연스레 도시락을 못 싸가는 날이 많아졌기 때문이죠. 저는 숟가락과 젓가락만 들고 학교에 갔습니다. 처음 며칠은 배가 아파서 안 싸왔다고 친구들에게 거짓말했고 그 후 며칠은 아침을 너무 많이 먹어서 그냥 왔다고 말했습니다.

처음 며칠은 어떻게 밥을 안 먹고도 지나갔지만 이제는 정말 거짓말에 지치게 되었습니다. 그래서 결국 다음 며칠은 친구들의 도시락을 조금씩 나눠 먹었습니다(어떤 친구는 뺏어 먹었다고 느꼈을지 모르겠습니다).

이 상황이 계속되자 저는 친구들에게 더는 온갖 거짓말을 하거나 눈치를 보며 밥을 나눠 먹기 싫어졌고 학교 자체가 가기 싫어졌습니다. 그래서 집에서 나와 학교에 가지 않고 공원에서 시간을 보내거나 점심시간이 끝나면 느지막이 학교에 갔습니다. 국어는 주요 과목인지라 일주일에 다섯 번이나 국어 선생님을 만나야 했고 매일같이 수업이 있었는데 오전 수업엔 제가 보이지 않고 오후 수업에만 저를 볼 수 있으니 선생님은 의아하게 생각한 게 당연했습니다.

저는 선생님께 저의 힘든 상황과 현재 감정을 가감 없이 다 말했습니다. 아버지가 돌아가셔서 세 가족 모두 힘들게 지내고 있다는 것, 누나와 저는 돈을 벌기 위해 며칠 전부터 아르바이트를 시작했다는 것, 도시락을 싸올 수 없어서 친구들을 보기 힘들어졌고 그러다 보니 유일한 즐거움이었던 학교생활도 싫어져서 선생님을 화나게 하고 자꾸 비뚤어져서 학교에도 자주 안 나왔다는 것까지.

제가 이야기하는 동안 선생님께서는 잠깐의 한눈도 팔지 않고 시종일관 경청해서 들어주셨습니다. 제가 선생님과 상담한 대략 30분의 시간은 저의 눈물과 콧물 반, 선생님의 눈물 약간으로 가득 채워졌습니다. 이렇게 길게 선생님과 이야기를 나눈 건 처음이었습니다. 느낌이 참 묘하면서도 마음이 한결 가벼워진 것 같았습니다. 상담이 끝나고 인사를 하고 가려는데 선생님께서 저에게 물으셨습니다.

"현진아, 내일은 학교 몇 시에 올 거야?"

"오늘 저녁에 알바 가야 해서 너무 피곤해요. 내일은 한 시쯤에 올 것 같아요."

"그러지 말고 내일 조금만 일찍 와. 혹시 여덟 시쯤 학교에 와서 선생님에게 잠깐 왔다 가지 않을래?"

"내일 일어날 수 있으면 갈게요."

저는 어린 마음에 '선생님이 나를 감시하려는구나' 하고 생각해 대답을 얼버무리며 교무실에서 나와 교실로 향했습니다. 학교를 마치고 저녁에 쇼핑 타워에 있는 음식점에서 늦은 밤까지 배달 아르바이트를 한 후 집에 돌아와 잠을 자려는데 선생님께서 하신 말씀이 자꾸 떠올라서 잠을 설쳤습니다.

'내일은 내 말을 진심으로 들어주신 선생님을 위해서라도 딱 하루만 일찍 가보자!'


## : 지금의 나를 있게 해준 선생님의 도시락

다음 날 아침, 저는 여덟 시 정각에 교무실로 향했습니다.

"선생님! 저 왔어요! 됐죠? 교실 갈게요."

"현진아! 잠깐만!"

교실로 가려던 저를 선생님께서 붙잡았습니다. 선생님께서는 책상 아래에서 정성스럽게 싸여 있는 도시락을 저에게 내밀었습니다. 얼떨결에 도시락을 받아들고 아래쪽을 자세히 보니 이름 쓰는 칸에는 '박현진'이라는 이름까지 쓰여 있었습니다.

저는 너무 놀라고 흥분해서 감사 인사도 하지 못하고 그 자리에서 도시락을 열어 보았습니다. 햄이 송송 들어가 있는 계란말이와 제육볶음! 18년이 지난 지금도 생생히 기억나는 아름다운 반찬들과 윤기 나는 흰 쌀밥이었습니다.

"선생님이 집에서 가족 도시락 싸면서 같이 준비한 거야. 이거 맛있게 먹고 집에 가기 전에 선생님에게 다 먹고 가지고 와. 대신 절대 남기면 안 돼!"

저도 모르게 울컥해서 또 눈물이 날 것 같았습니다. 그래서 대답도 하지 않고 도시락을 품에 안고 교무실을 급히 뛰쳐나왔습니다. 그날은 수업을 듣는 내내 기분이 좋았고 정말 오랜만에 점심시간이 기다려졌습니다. 저는 그날 친구들과 어느 때보다도 밝게 웃으며 맛있는 도시락을 먹으며 잊지 못할 행복한 점심시간을 보냈습니다.

그날 이후 선생님께서는 겨울방학이 될 때까지 보름 정도 저를 위해 도시락을 정성스레 싸주셨습니다. 저는 매일 아침 교무실에 가서 선생님이 싸주신 도시락을 받아서 쌀 한 톨, 국물 한 방울 남기지 않고 다 먹어치운 다음 집에 가기 전에 선생님께 다시 드리고 집에 갔습니다. 저는 선생님 덕분에 남은 중학교 시절을 즐겁게 보낼 수 있었고 무사히 중학교를 졸업했습니다. 그 후 시간이 흐르고 흘러 선생님의 따뜻한 진심과 도시락을 생각하며 교사의 꿈을 키우며 공부하기 시작했습니다.

2005년 한국교원대학 초등교육과에 입학해서 2008년 임용 고사 시험을 치러 당당히 합격해 초등교사가 되었습니다. 저는 이 소식을 선생님께 꼭 알리고 싶었습니다. 교육청의 '스승 찾기'를 통해 겨우 연락이 닿아 직접 선생님을 만날 수 있었고 선생님께서는 저를 진심으로 축하해주셨습니다.

그리고 얼마 전에는 제가 결혼하고 아이 둘을 낳고 잘 지내고 있다고 안부 연락을 드렸습니다. 선생님께서는 긴 교직 생활을 끝내시고 평온한 하루를 보내고 계셨습니다. 정말 시간이 많이 지났다는 걸 새삼 느낄 수 있었죠. 선생님은 여전히 따뜻했습니다. 자꾸만 제가 사는 집 주소를 물어보시더니 며칠 후 선물이 도착했습니다. 아내를 위한 선물과 아기 둘을 위한 옷이 들어 있었습니다. 그리고 선생님은 저를 위한 목캔디까지 챙기셨습니다.

중학교 때 선생님을 만나지 못했다면 제 삶은 어떻게 변했을까요? 짓궂게 장난치고 버릇없이 구는 학생에게 손을 내밀어 진심으로 이야기를 들어주고 아침 일찍 제자를 생각해서 정성스레 도시락을 싸주신 선생님. 유난히 추운 요즘 겨울에는 따뜻했던 선생님과 함께한 학창 시절이 문득 떠오릅니다.

'선생님 감사합니다. 선생님의 따뜻한 마음을 생각하며 교사가 되

기를 결심했고 결국 교사가 되었습니다. 저도 도움이 필요한 제자에게
손을 내밀 줄 아는 따뜻하고 진실한 마음을 가진 선생님이 될게요.'

# 2

## 날 구해준
## 아저씨의
## 따뜻한
## 거짓말

꼭 한 번 다시 만나고 싶은 사람이 있습니다. 지금으로부터 18년 전 2002년 겨울 서울 왕십리의 한 인력사무소에서 만났던 따뜻하고 배려 깊은 이름 모를 아저씨가 그 주인공입니다. 그 당시 하루하루를 겨우 살아가던 터라 큰 은혜를 입었음에도 고마움을 제대로 전하지 못하고 시간이 흘러버렸습니다. 그분께서 지금은 어디서 무얼 하시면서 어떻게 지내시는지 알 길이 없지만 2010년도에 종영된 KBS 〈TV는 사랑을 싣고〉같이 추억의 인물을 찾아주는 프로그램이 부활해서 기적적으로 그 아저씨를 찾아준다면 꼭 한번 만나고 싶습니다.

불면증에 시달리면서도 돈을 벌기 위해 인력사무소에 나가다 그분을 만난 건 내 인생에서 가장 힘든 시기였어요. 집안 사정이 안 좋아져 고등학교 1학년 때 친척 집, 친구 집에서 며칠씩 잠을 자며 이동해서 사는 유목민에 가까운 생활을 하고 있었죠. 하지만 누구도 의도치 않았으나 혼자 느끼는 눈칫밥을 먹다 보니 저는 그 불편함에 지치고 말았고 결국 독립을 결정했습니다.

고등학생이 혼자 살 수 있는 거처를 마련하는 것은 쉬운 일이 아니었습니다. 여기저기를 알아보다가 찾은 곳은 바로 고시원이었습니다. 고시원의 한 달 비용은 15만 원이었는데 그곳은 제가 잘 수 있는 침대가 있었고 공동 사용 구역에 반찬은 없지만 항상 밥통에 밥이 있어서 허기를 채울 수 있는 소중한 공간이었죠.

고시원의 작은 방은 비록 밖으로 연결되는 창문도 하나 없는 답답하고 작은 공간이었지만 심리적으로 큰 불편함은 없었기 때문에 저는 정말 행복했습니다. 하지만 그 불편함이 없는 생활을 계속하기 위해서는 돈이 필요했습니다. 고시원비도 내야 했고 학교에 다닐 차비도 필요했으며 가끔은 밥도 사 먹어야 했습니다. 그래서 저는 평일에는 학교를 다녀와서 저녁에 쇼핑 타워 음식점에서 배달 아르바이트를 했고 주말에는 인력사무소에 나가서 일용직 일을 하며 생활해 나갔습니다.

인력사무소를 통해 일용직 일을 하는 것은 신체적으로 매우 고된 일이었지만 그 당시 저에게는 큰돈을 벌 수 있는 유일한 길이기도 했습니다. 사실 평일 저녁에 하던 배달 아르바이트는 시급이 3,500원이라 일주일 동안 열심히 일해도 벌 수 있는 돈은 채 10만 원이 안 됐습니다. 하지만 인력사무소를 통한 일용직 일은 하루에 5천 원 수수료를 떼고 6만 원을 벌 수 있어서 제 생활을 꾸려나갈 수 있는 유일한 희망이었던 것이죠.

인력사무소는 거의 선착순으로 일거리를 줬는데 늦어도 새벽 여섯 시쯤에는 나가야 안정적으로 일을 받을 수 있었습니다. 그런데 그 시간에 인력사무소를 나가는 것은 쉬운 일이 아니었어요. 그해 겨울 찬바람은 유독 저에게만 더 차갑고 무서웠습니다. 평일 저녁에 일을 마치고 오면 너무 몸이 피곤하고 우울해져 잠을 한숨도 못 자는 일이 허다했습니다. 그래도 저는 돈을 벌기 위해 새벽에 일어나 인력사무소에 나가야 했습니다.

## : 사연 있는 아저씨를 만나 동질감을 느끼다

12월 어느 주말이었습니다. 불면증에 시달려 금요일 밤에도 잠을 한숨도 못 자고 결국 토요일엔 일을 나가지 못하고 말았죠. 주말에 이틀 다 일을 나가지 않는다면 다음 일주일의 생활이 어려워져서 일요일엔 꼭 일을 나가야 했습니다. 일요일 새벽 4시에서 5시쯤 잠깐 졸았을까요? 눈을 떠보니 6시 30분이었습니다. 급하게 세수하고 인력사무소에 가보니 대부분 이미 일을 받고 떠난 상태였고 저와 같이 조금 늑장을 부린 서너 명의 사람만 앉아 있었습니다. 저는 등산복 차림을 한 아저씨 옆에 앉았습니다.

"학생, 어린 나이인 것 같은데 아침부터 일하러 왔네?"

"아, 그냥 뭐 사고 싶은 게 있어서요."

저에게 말을 거는 아저씨에게 일일이 이것저것 설명하기가 귀찮아 거짓말로 둘러댔습니다. 고요한 정적이 흐른 채 20분 넘게 시간이 흘렀는데도 일은 들어오지 않았고 저는 초조하게 기다릴 수밖에 없었습니다. 옆에 있던 아저씨는 심심했는지 저를 보며 당신의 이야기를 풀어내기 시작했습니다.

"아저씨가 사실 2주 전에 직장에서 쫓겨났어. 근데 아직 집에 얘기를 못 했지 뭐야. 그래서 평일 아침에는 옷을 싸 와 가지고 여기서 일하고 들어가고 오늘은 등산한다고 거짓말하고 또 여기 오는 거야. 집에 아들 하나가 있는데 이제 고등학교 2학년이거든. 그 애 대학은 보내야 하는데 걱정이야. 학생은 뭐 사고 싶은 게 있어서 이런 일까지 해?"

"아…. 사실 저도 고등학교 2학년이에요. 아버지가 몇 년 전에 돌아가시고 집안 사정 때문에 이 앞 고시원에 혼자 살고 있어요. 평일 저녁에도 아르바이트하는데 고시원비랑 학교 가는 차비랑 생활비 쓰려니까 부족해서 어쩔 수 없이 일하고 있어요."

"그런 일이 있었구나. 어린 나이에 이렇게 생활력이 강한 거 보면 크면 꼭 잘 살 거야!"

제 얘기를 듣던 아저씨는 아들 생각이 난다며 제 손을 꼭 부여잡고 따뜻한 말로 격려해주셨습니다. 저도 아저씨의 이야기를 들으니 사업 실패 후 돌아가신 아버지가 떠올랐습니다. 처음 만나 잠깐 나눈 대화지만 우리는 동질감을 느낄 수 있었고 추운 겨울이었지만 저의 마음만큼은 따뜻해졌습니다. 재미있게 이야기를 나누다 시계를 보니 벌써 일곱 시가 훌쩍 넘었습니다. 일요일이라 일도 적은지라 '아! 오늘은 일 못 하겠구나'라고 절망하고 있을 때쯤 전화벨이 울렸습니다. 드디어 일자리가 들어온 것입니다.

"이씨 아저씨 차례지? 여기 가게 이사하는데 두 명 와달라고 하는데요. 옆에 총각이랑 같이 온 건가?"

"네, 맞아요. 제 조카예요. 둘이 가서 일하고 올게요."

아저씨는 꼭 일해야 한다는 저를 배려해서 함께 일에 갈 수 있게 도와주셨습니다. 저보다 먼저 와서 기다린 아저씨들도 있어서 눈치가 조금 보였지만 정말 그 아저씨가 제 삼촌이라도 되는 양 방긋 웃으며 함께 일하러 출발했습니다.


## : 나를 구해준 아저씨의 따뜻한 거짓말

저와 아저씨가 간 곳은 서울 시내 한 잡화점의 이사 현장이었습니다. 2호선 순환선을 타고 30분 정도 눈을 붙이니 목적지에 도착했습니다. 마음 맞는 아저씨를 만나서일까요? 그날은 정말 운이 좋았습니다. 원래 일하려고 했던 두 명이 당일에 연락도 없이 펑크를 내서 우리가 땜빵으로 오게 된 것이었어요. 일을 오전 일곱 시부터 진행하기로 했는데 우리를 하염없이 기다릴 수 없어서 기존에 있었던 일꾼들이 일을 절반 정도는 해놓은 상태였습니다. 도착해서 본격적으로 일을 시작하려고 보니 짐도 다 싸져 있고 청소도 많이 되어 있어서 우리는 짐을 옮기고 뒷정리만 하면 되는 상황이었죠.

그런데 너무 '운수 좋은 날'이면 비극도 함께 있는 것일까요? 운명의 장난처럼 큰 참사가 일어났습니다. 일이 마무리되어갈 때쯤 옮길 상자가 몇 개 남지 않아 저는 일을 빨리 끝내기 위해 여러 개의 상자를 한꺼번에 옮기고 있었습니다. 유리로 된 액자와 말끔해 보이는 그릇이 담긴 상자가 남아 있었는데 생각보다 무겁지 않아 두 개를 한꺼번에 들어 이동하려고 들었어요. 그리고 건물 밖을 빠져나가려고 발을 내민 순간, 저는 발을 헛디디면서 문턱에 걸려 넘어지고 말았습니다.

"와장창!"

상자 안에 있는 유리와 그릇들이 깨지는 무서운 소리는 저의 심장을 뛰게 했습니다. 옆에 있던 아저씨는 제가 넘어져서 괜찮은지 물으러 오셨지만 저는 아픈 것보다 상자 안에 있는 물건들이 얼마짜리일지, 그걸 어떻게 물어내야 할지가 훨씬 더 걱정되어 몸을 움직일 수가 없었습니다.

"아저씨, 어떡하죠? 저기 안에 있는 거 엄청 비싼 거겠죠?"

저는 다급해지고 무서워져 떨면서 아저씨에게 횡설수설했습니다. 그때 밖에서 담배를 태우며 직원과 담소를 나누던 가게 사장님이 바닥에 떨어진 상자를 발견하고는 급히 달려왔습니다.

"뭐야, 이거! 누가 떨어뜨렸어? 일용직들이야? 이거 상자 물건 망가

졌으면 일당 받기는커녕 다 물어내야 돼! 조심해야지!"

가게 사장님은 크게 호통을 치며 우리에게 겁을 줬습니다. 제가 무서워서 다리를 벌벌 떨고 있는 찰나에 옆에 있는 아저씨께서 말씀하셨습니다.

"아이고, 사장님 죄송합니다. 제가 발을 헛디뎌서 이렇게 됐어요. 죄송합니다. 제가 오늘 저녁까지 짐 정리하는 거 돕고 하루 더 일하는 것으로 봐주시면 안 될까요?"

아저씨는 한 치의 망설임 없이 본인이 했다고 거짓말을 했습니다. 그 둘은 몇 분 동안 이야기를 나누시더니 결국 아저씨께서 오늘 저녁에 새로운 가게에 가서 짐 정리와 청소를 돕는 것으로 상황을 일단락 짓기로 하였습니다. 원래 우리의 역할은 짐을 싸서 보내고 원래 가게 자리를 청소하면 끝나는 것이었는데 아저씨는 가게 사장님을 따라 늦게까지 일을 더 하기로 한 것입니다.

그 후 일이 끝날 때까지 가게 사장님은 우리가 일하는 것을 감시하는 바람에 눈치를 보느라 저는 아저씨와 단 한마디의 말도 할 수 없었고 미안하고 고마운 마음에 아저씨의 눈을 계속 쳐다보자 아저씨는 말없이 빙긋 웃어주셨습니다.


: 그 후로 만나지 못한 아저씨, 찾을 수는 없겠죠?

저는 아저씨 덕분에 무사히 일당을 받아 집에 돌아갈 수 있었습니다. 그날 밤은 아저씨가 어떻게 일을 잘 마치셨는지 궁금해서 잠이 잘 오지 않았습니다. 저는 다음에 그 아저씨를 만나면 드리기 위해 짧은 손 편지를 썼습니다. 그리고 항상 주머니에 넣어두고 다니면서 주말에 인력사무소를 몇 개월간 더 나갔지만 결국 그 아저씨를 만날 수는 없었습니다. 인력사무소 직원 분께 갈 때마다 아저씨의 행방을 물어보았지만 모르겠다는 대답만 돌아왔습니다. 아마도 아저씨는 새로운 직장에 취직하셨거나 다른 지역으로 가게 되어 인력 사무소에 더 이상 나오지 않아도 되었을지 모르겠습니다.

제가 아저씨에 대해 아는 것이라곤 2002년 겨울, 서울 성동구의 한 인력사무소에 나왔다는 사실과 저와 동갑인 아들이 있었다는 것이 전부입니다. 이럴 줄 알았다면 성함이라도 물어볼 걸 그랬습니다. 지금이라도 만날 수 있다면 맛있는 밥을 한 끼 대접하면서 감사의 큰절을 하고 싶은 마음입니다. 그리고 이렇게 말씀드리고 싶습니다.

'아저씨 덕분에 제가 지금 선생님이 되었다고요. 그리고 저도 힘든 학생들이 어려움을 겪을 때 주저 없이 나서는 진짜 어른이 되겠다고요.'

아마도 그 아저씨를 찾을 수는 없겠지만 이 책을 통해 그분의 따뜻한 선행이 알려졌으면 좋겠습니다.

# 3

# 아주머니,
# 정말
# 고맙습니다

저의 고등학교 일과는 정말 피곤함의 연속이었습니다. 일단 학교와 집이 너무 멀었어요. 지하철을 타고 통학했는데 5호선으로 한 정거장 이동해서 다시 경의중앙선(당시에는 국철이라고 불렀습니다)을 타고 네 정거장을 더 가야 학교가 있는 역에 도착했습니다. 이 노선은 다른 지하철과는 다르게 아침 시간에도 배차 간격이 10분 이상이었습니다. 시간에 맞추려고 뛰어다닌 기억이 많습니다.

게다가 역에서 학교가 그렇게 가까운 것도 아니었어요. 10분 이상 걸어야 했죠. 상황이 이러니 학교와 집을 왔다 갔다 하는 데 1시간 30분에서 2시간이 걸렸고 1학년 때부터 평일 저녁과 주말에 틈틈이 아르바이트를 나가서 학교생활은 정말 힘들 수밖에 없었죠. 1학년 1학기까지만 해도 이런 힘든 생활을 하면서 공부도 어느 정도 할 수 있었어요. 중학교 때 배운 내용에서 크게 수준이 올라가지는 않았고 학교 내신 공부는 며칠 벼락치기를 해서 평균 70점에서 80점 정도까지는 성적을 유지할 수 있었죠.

그런데 고등학교 2학년이 되면서부터 상황이 완전히 달라졌습니다. 공부 내용도 어려워졌고 지치고 힘든 학교생활을 1년 넘게 하다 보니 체력도 떨어졌죠. 저는 미래가 걱정되기 시작했어요. 힘든 학교생활의 버팀목은 나중에 대학을 졸업하고 안정적인 직장에 들어가 행복한 가정을 꾸리는 상상이었거든요.

사실 저는 어릴 적부터 제가 가지고 있는 장단점을 정확히 알고 있었습니다. 손재주가 별로 없고 섬세한 기능이 들어가는 일은 정말 못해요. 또, 힘이 별로 세지 않고 눈치가 빠른 것도 아니었죠. 대신 장점은 인내심에 좋다는 것, 암기를 잘한다는 것, 공부할 때 이해력이 빠른 편이라는 것이었습니다.

그래서 제가 성공하기 위해서는 장사를 하거나 기술을 배워서 돈을 버는 것이 아니라 인내심을 가지고 장점인 암기력을 살려서 공무원이나 전문직 시험에 통과해야 한다고 믿었어요. 그런데 고등학교 2학년이 되어보니 아르바이트와 공부를 병행해서 할 수 있는 몸 상태가 아닌 것을 깨닫게 된 것입니다. 이대로 가다가는 장밋빛 미래는 꿈꾸기 어려울 것 같았어요.

저는 당시에 역 주변 고시원에 살았는데요. 저녁 아르바이트를 하고 돌아오면 피곤해서 뻗어야 하는데도 며칠 동안 잠을 못 이루기 시작했습니다.

'아! 빨리 자야 내일 학교에서 안 잘 텐데 왜 잠이 안 오지?'

빨리 자고 다음 날 학교에 가서 공부해야 한다는 부담감에 오히려 잠을 자지 못했습니다. 불면증에 시달린 것이죠. 피곤한 상태로 겨우 학교에 가면 수업 시간에 잠을 자게 되었고 아르바이트 가서도 몸이 무거우니 일하는 것도 너무 힘들었어요. 또, 그날 밤이 되면 너무 피곤하니까 잠을 못 잤죠. 정말 지독한 악순환이 계속되었습니다.

그렇게 1학기를 보냈습니다. 정말 성적이 처참하게 떨어지더군요. 당시에는 수우미양가로 평가를 매겼는데 수학은 '가'가 나오기도 했어요. 정말 절망적이었죠. 그나마 어릴 적부터 좋아했던 역사와 일반사회, 국어 같은 과목은 간신히 80점을 넘기긴 했지만요.

저는 빨리 일을 그만두고 싶었습니다. 같은 반 친구들이 너무 부러웠어요. 학교에서 야간 자율학습을 편안하게 하고 늦은 밤에 부모님이 데리러 와 집에서 꿀맛 같은 휴식을 취하고 학교에 오는 친구들이요. 저는 그런 건 바라지도 않았습니다. 평일에 아르바이트만 그만둘 수 있다면 그 시간만이라도 공부할 수 있다면 뭐든지 해낼 수 있을 것 같았죠.

## ： 생활 보호 대상자가 되어 식권을 받다

간절히 믿으면 소원이 이루어진다고 했던가요? 저에게 정말 기쁜 소식이 들려왔어요. 당시 고등학교 3학년이던 누나 담임선생님의 도움으로 저와 누나가 생활 보호 대상자로 선정된 것입니다. 저는 학교에서 1, 2학년 담임선생님께 제 이야기를 잘하지 않았습니다. 지금 생각하면 바보 같았죠. 도움을 받았어야 했는데 무슨 생각이었는지 혼자 해결할 수 있다고 믿었어요. 그리고 그런 복지 제도가 우리나라에 존재한다는 것도 몰랐습니다. 그래서 어떤 혜택도 받지 않으면서 힘들다고 한탄하고 있었던 것입니다.

생활 보호 대상자로 선정되니 정말 많은 것이 달라졌어요. 선생님의 도움으로 생활 안정을 위한 장학금을 받을 수 있었고 동사무소 복지 관련 공무원이 배정되어서 꼼꼼하게 저와 누나를 챙겨주었어요. 그분의 도움으로 고시원에서 나와 인근에 작은 월세 방에 들어가게 되었습니다.

무엇보다 저를 기쁘게 한 건 바로 동사무소에서 나눠준 식권이었어요. 이 식권으로 저는 아르바이트를 그만둘 수 있었습니다. 평일에 하던 일을 그만두게 되면 다른 것보다도 가장 걱정인 것이 바로 식사 문제였거든요. 평일에 학교에서 점심을 먹고 5시 30분쯤 아르바이트에 갔습니다. 6시부터 시작이었는데 미리 오면 사장님이 밥을 챙겨주신다고 해서 일찍 갔죠. 그리고 밤 12시 30분이 마감이었는데 그곳 사장님께서는 항상 그 시간에 제 밥을 또 챙겨주셨어요. 저는 다음 날 아침

밥을 새벽 1시에 먹은 셈이죠.

저는 일을 그만두고부터는 식권으로 저녁밥을 먹고 집 주변 도서관
에서 공부하기로 했어요. 학교에서 야간 자율학습을 하면 좋은데 두
가지가 맘에 걸렸습니다. 저녁 식사비를 내야 한다는 것과 야간 자율
학습이 끝난 후 혼자 지하철을 타러 역까지 가야 한다는 것이요. 특히
혼자 밤늦게 지하철까지 쓸쓸하게 걸어갈 때는 너무 우울한 생각이 들
어서 도저히 견딜 수가 없었습니다.

식권은 하루에 두 개씩 한 달에 총 60개가 나왔어요. 식권 한 장으
로 밥을 한 번 먹을 수 있는 것이었죠. 그 식권을 사용할 수 있는 곳은
몇 곳으로 정해져 있었습니다. 그중 제가 사는 곳과 가까운 곳은 집 앞
중국 음식점과 길 건너편 한식당이었습니다. 처음에는 중국 음식점에
자주 갔어요. 자장면, 짬뽕, 볶음밥까지 원하는 것을 모두 먹을 수 있
어서 좋았죠. 그리고 식권은 월 단위로 나와서 그 기간 안에 모두 사용
해야 했는데 식권이 몇 장 남았을 때는 한꺼번에 세 장을 내면 탕수육
을 포장해 갈 수 있었어요. 저는 그 많은 탕수육을 혼자 다 먹곤 했죠.
그리고 가끔 중국 요리가 질리면 길 건너 한식당에 가곤 했습니다.

그런데 제가 중국집에 다시 갈 수 없는 상황이 생겨버렸습니다. 식
권으로 식사를 한 지 3개월 정도 지났을까요? 식권을 가지고 식당에
갔는데 아주머니께서 식권을 안 받는다는 것이었어요. 아주머니께서
는 동사무소에 '복지 지정 식당'을 앞으로 하지 않겠다고 한 것입니다.
그러고는 단골로 보이는 손님에게 푸념을 늘어놓았습니다.

"아이고, 이거 식권 받는 거 얼마나 귀찮은지 몰라. 직접 동사무소 가서 신청해야지. 다시 식권도 갖다 내야지. 돈을 바로 주는 것도 아니고. 이거 가져온 사람들은 혼자 와서 자리 차지하면서 있잖아. 아이고! 다시는 안 하려고."

자장면 한 그릇 후딱 먹고 가려고 왔던 저는 잘못한 것도 없었지만 마치 죄인이 된 것처럼 조용히 식당에서 나와야 했습니다. 너무 배가 고픈 시간이라 오늘까지만 먹겠다고 말하려 했는데 아주머니의 짜증 섞인 목소리를 듣자 쏙 들어가고 말았죠.


## : 따뜻하게 나를 받아준 아주머니

저는 아주 우울한 기분을 느끼며 한식당으로 발걸음을 옮겼습니다. 한편으로는 이런 걱정도 들었어요.

'이 식당까지 식권을 안 받으면 어떡하지?'

식당 앞에 도착했는데 문을 쉽게 열 수가 없었어요. 멀리서 보니 너무 바쁜 시간대라 자리도 없어 보였거든요. 제가 사실 처음에 이 식당보다 중국집에 자주 간 것은 식당에 사람이 많아서 그런 것도 있었어요. 이 식당은 근처의 회사 직원이나 공사장에서 일하는 아저씨들이 주로 많이 왔습니다. 저녁에는 이분들이 술을 드시다 보니 꽤 오랜 시간 동안 자리를 채우고 있었죠. 또, 모든 테이블이 신발을 벗고 들어가는 평상 자리였기 때문에 혼자 빨리 먹고 집에 가야 하는 저에게는 부담스리웠습니다.

'오늘은 그냥 편의점에서 컵라면이나 먹어야겠다.'

중국집에서 자신감을 상실한 저는 식당에 들어가는 것을 포기하고 옆을 지나가고 있었어요. 그때 저를 부르는 소리가 들렸습니다.

"현진아! 어디 가? 밥 먹고 가야지."

식당 아주머니였어요. 항상 저의 이름을 불러주셨거든요. 처음 제가 식당에 갔을 때 제일 먼저 저에게 이름을 물어봐 주셨고 자식 같다며 아들같이 대해주셨습니다. 실제로 저보다 두 살 정도 어린 딸이 있기도 했고요.

"아, 아줌마. 바빠 보이셔서…. 그냥 가려고 했어요."

"무슨 소리야. 아무리 바빠도 네 밥해줄 시간은 있지."

저는 얼떨결에 아주머니와 함께 식당에 들어갔습니다. 정말 자리가 꽉 차 있었죠. 아주머니가 갑자기 맨 끝에 있는 테이블로 가더니 식사하고 계시는 아저씨에게 말했습니다.

"저기 삼촌, 여기 제 조카 밥 좀 챙겨주려고 하는데 자리 좀 이쪽으로 옮길게요."

"아이고! 사장님, 조카도 있었어?"

저를 조카로 소개해준 아주머니는 급하게 자리를 마련해주시더니 10분도 되지 않아 밥을 주셨습니다. 시끌벅적한 식당에서 먹었던 오징어덮밥은 아직도 정말 그립습니다.

그날 이후로 저녁이 되면 줄곧 그 식당에 갔어요. 거의 매일 가다 보니 아주머니의 단골손님과 가족과도 인사할 정도로 친해졌죠. 단골손님 몇 분은 저를 정말 아주머니의 조카로 알고 있을 정도였으니까요. 그리고 그해 크리스마스에는 아주머니가 저를 불러서 함께 케이크에 초를 꽂고 파티를 해주시기도 했고 다음 해 1월 1일에는 아침부터 저를 불러서 떡국을 끓여주시기도 했습니다.

무엇보다 가장 감사했던 건 일을 쉬시는 일요일에도 점심에 나오셔서 제 밥을 챙겨주셨다는 점입니다. 저는 식당이 일요일에도 여는 줄 알았어요. 그런데 시간이 지나고 알고 보니 일요일에는 오전에만 나오셔서 제 밥만 챙겨주시고 집에 가셨던 거죠. 저는 정말 감사했습니다.

가끔 저녁밥을 늦게 먹으러 가면 아주머니는 일하는 게 힘드신지 눈물을 보이시기도 했어요. 그도 그럴 것이 작은 식당이었지만 하루 내내 혼자 일하셨거든요. 저는 밥을 먹으며 아주머니가 눈물 흘리시는 것을 몰래 보면서 앞으로 어떤 방법이든지 꼭 보답하겠다고 다짐했습니다.

공부를 본격적으로 시작한 고등학교 2학년 2기부터 성적은 가파르게 상승하기 시작했어요. 학기말 고사를 총 4일간 치렀는데 3일을 모두 다 맞을 정도로 시험을 잘 보기도 했습니다. 그리고 고3이 되어서 수능을 치고 수시로 서울시립대학교 경영학과에 입학했습니다. 제가 워낙에 고등학교 1학년 때 성적이 안 좋았는데 시립대학교는 저같이 뒤늦게 공부에 집중한 친구들을 구제하기 위해서인지 고등학교 2, 3학년 때의 내신 성적만으로 수시 모집을 하더라고요. 저에겐 정말 황금 같은 기회였고 그것을 잡게 되었습니다. 제가 대학에 들어가게 된 건 아마도 일을 그만두고 공부에 집중하게 된 점과 아주머니가 챙겨주시는 밥을 먹고 힘을 낼 수 있어서 그런 것이겠죠.

저는 대학교에 입학하고 난 후 학교 앞으로 이사를 가게 되었어요. 그래서 아주머니께 인사드리러 식당에 갔습니다. 역시나 그날도 아주머니는 맛있는 밥을 차려주셨습니다.

"현진아, 대학 합격 축하한다! 이사 가도 자주 놀러 와. 그리고 내 딸 공부 좀 가르쳐주고! 알았지?"

"네, 그럼요. 아주머니. 자주 찾아올게요!"


## : 꼭 만나러 갈게요!

아주머니께 너무 쉽게 약속을 해버린 걸까요? 저는 그 약속을 제대로 지키질 못했어요. 서울에 있는 대학을 다니다가 교사가 되기 위해 다시 수능을 봐서 충청북도 청주에 있는 교원대학교로 가게 되었거든요. 그리고 임용고사도 서울로 보지 않아 그곳에 갈 일이 점점 줄어들었죠. 그리고 제 심리에도 많은 변화가 생겼어요. 선생님이 되어 생각해보니 어릴 적 서울에서 힘들었던 삶은 떠올리기가 싫더라고요. 감사한 사람이 있지만 잊고 싶은 기억이 된 것입니다.

벌써 식당에 가지 않은 지 15년이라는 시간이 흘렀습니다. 저는 교사로서, 아빠로서 바쁜 삶을 살면서도 문득 식당과 아주머니가 생각났습니다. 얼마 전 토요일 저녁이었습니다. 인터넷에 식당 이름을 쳐봤어요. 이게 웬일인가요? 시간이 그렇게 흘렀는데 제가 알던 그 위치에 그 식당이 그대로 나오는 것이었습니다. 포털 사이트에는 전화번호가 나오지 않아서 거리를 찍은 사진을 확대하니 희미하게 전화번호가 보였습니다.

저는 긴 호흡을 한 번 쉬고 용기를 내어 그 번호로 전화를 걸었습니다. 신호가 몇 번 가더니 전화를 받았습니다.

"네, 식당입니다."

엄청나게 바빠 보이는 아주머니 목소리. 정말 오랜만에 들었지만 기억할 수 있었습니다. 저를 자식처럼 아껴주신 아주머니였습니다.

"저기, 오늘 영업하시나요?"

"네, 일곱 시까지 해요. 그 전에 오세요."

제 소개를 할 겨를도 없이 전화가 끊겼습니다. 아마 아주머니가 전화를 끊지 않으셨더라도 저는 '아주머니, 저 현진이에요'라고 말하지 못했을 것입니다. 너무 오랫동안 연락을 드리지 못해 전화로 안부를 묻기가 정말 죄송스러우니까요.

저는 정말 행운아인 것 같습니다. 감사한 마음을 전달할 기회가 있다는 것만으로도 너무 행운입니다. 조만간 제 가족과 함께 식당에 가봐야겠습니다. 가서 그때 먹었던 오징어덮밥을 꼭 먹어보고 싶습니다. 멋진 선물을 들고 가서 아주머니께 정말 감사하다고. 아주머니 덕분에 제가 대학도 가고 선생님도 될 수 있었다고 꼭 말씀드려야겠습니다.

# 4

# 돌고
# 돌아
# 선생님으로…

　제 꿈이 처음부터 초등학교 교사였던 것은 아닙니다. 정확히 말하면 초등학교 이후부터는 꿈이 특별히 없었어요. 심지어 초등학교 때도 꿈이 재벌그룹 회장이었습니다. 어릴 때부터 부자가 되고 싶다는 생각을 많이 하고 산 것 같습니다. 초등학교 이후부터 꿈이 없던 이유는 단순합니다. '내가 감히 무슨 꿈을?' 이런 생각이 많았거든요. 10년 후, 20년 후 미래보다 앞에 있는 하루를 이겨나가는 게 훨씬 더 급하고 중요했으니까요.

　그래서 처음 대학에 들어갔을 때는 솔직히 별생각이 없었습니다. 고등학교 1학년 때는 성적이 너무 좋지 않았어요. 2, 3학년 성적이 상대적으로 괜찮았을 뿐이었죠. 당시 수능에 사회탐구와 과학탐구가 있었는데 과학탐구 점수가 아주 형편없었기 때문에 이런 단점을 극복할 수 있는 서울시립대학교 경영학과를 선생님께서 추천해주셔서 입학하게 된 것입니다. 게다가 시립대학교는 등록금도 매우 저렴했고 장학금 혜택도 매우 많았어요. 저에게는 최적의 조건이었죠.

## : 공인 회계사를 꿈꾸다

첫 학기 수업을 들으면서 저는 '회계사'라는 직업에 눈이 가기 시작했어요. 중간고사와 기말고사 시험 준비를 하느라 대학 도서관에 가면 'CPA'라고 적혀 있는 아주 두꺼운 책을 가지고 다니는 선배들이 참 많았습니다. 다들 공인 회계사 시험을 준비하고 있는 것이었죠. 선배들 말에 따르면 회계사가 되면 일은 힘들어도 많은 돈을 벌 수 있고 명예도 있는 직업이었습니다. 저도 그 얘기에 혹했던 것입니다.

그래서 1학기 때 경영학 원론, 회계학 원리 등 수업을 들으며 열심히 공부했어요. 그래서 학점도 생각보다 잘 나와서 성적 우수 장학금까지 받게 되었죠. 점점 희망이 보이기 시작했습니다.

그런데 회계사가 되고 싶다는 꿈이 한 순간에 날아가 버린 사건이 생겼습니다. 학기 말에 학생회관에서 '선배와의 대화'라는 프로그램을 진행했습니다. 그날은 큰 회계 법인에서 근무하는 회계사 선배가 와서 강의하기로 한 것이었어요. 저는 당연히 강연에 참석했습니다.

"여러분, 회계사라는 직업, 여러분이 열심히 하면 할 수 있습니다. 일한 만큼 인정받을 수 있습니다. 최선을 다하세요. 대신 가정과 여가는 포기해야 합니다. 하하하."

선배의 강연은 정말 재밌었어요. 회계사가 왜 되려고 했는지, 어떤 과정을 거쳐야 회계사가 될 수 있는지, 하면서 힘든 점은 무엇인지 자세히 설명했습니다. 근데 강연 마지막에 한 말이 저의 귀에 너무 무섭게 꽂혀버렸어요.

'대신 가정과 여가는 포기해야 합니다.' 이 말이 제 귀에 계속 맴돌았습니다.


## : 아이들과 함께하는 초등교사의 꿈을 갖다!

어릴 적 가장 행복했던 기억을 꼽자면 아버지와 함께 야구장에 간 기억입니다. 아마 초등학교 1, 2학년 때쯤이었을 것 같아요. 아버지가 일을 쉬는 일요일에 처음으로 잠실야구장에 가기로 약속하고 저는 너무 들떠서 잠도 제대로 자지 못했습니다. 아침 일곱 시도 안 되어서 눈을 뜨고는 '아빠, 왜 야구장 안 가?'라면서 펑펑 울어버린 것이죠. 오후 두 시에 야구 경기가 시작이고 집에서 20분이면 가는 거리라 열두 시에 가도 기다릴 상황인데 일곱 시부터 야단이 난 것이지요. 그만큼 가족과 함께하는 시간은 저에게 정말 소중한 것이었어요. 아무리 열심히 일하고 돈을 많이 벌더라도 가정과 여가를 포기하는 상상하기 힘들었죠.

1학기를 마치고 대학교 첫 방학 때 저에게 또 다른 전환점이 찾아왔어요. 아르바이트를 찾다가 학원 보조강사를 하게 된 것인데요. 아파트 상가에 있는 주로 3~6학년 초등학생들이 다니는 학원이었습니다. 저는 그곳에서 아이들 출석을 확인하고 숙제를 검사하고 질문을 받는 역할을 했어요. 고등학교 때 친구들을 가르쳐준 것을 제외하고는 누군가를 공식적으로 교육해본 것은 처음이었죠. 그런데 생각보다 아이들이랑 있는 시간이 너무 즐거웠어요. 같이 보드게임을 하고 또래 관계에 대해 상담해주었죠. 시험 기간엔 주말에도 아이들이 나왔는데 같이 아이스크림을 사 먹고 저녁까지 공부했습니다. 나중에 보조 강사 일을 그만둘 때는 아이들과 함께 울기도 했습니다.

게다가 4월부터는 초등학생 두 명과 그룹 과외를 했는데요. 일주일에 두 번 만나서 전 과목을 가르쳐주고 주말에는 같이 영화를 보러 가거나 놀이동산에 함께 가기도 했습니다. 저는 이런 경험을 통해 제가가야 할 길이 선생님이라는 확신을 얻게 되었습니다.


## : 학교를 휴학하고 반수를 결심하다

아이들과 시간을 보내다가 집에 오면 항상 여러 가지 생각을 했어요.

'지금 대학에서 경영학을 전공하고 졸업하면 어떤 일을 하게 될까? 그게 나한테 맞는 일일까?'

'내가 선생님이 되고 싶다고 마음대로 될 수 있겠어?'

한 학기밖에 다니지 않았지만 갑자기 학교를 그만두고 새로운 도전을 하는 것은 그리 쉬운 선택이 아니었습니다. 그리고 제가 고등학교 1학년 때 성적이 워낙에 좋지 않아서 교대에 들어가기가 어려울 것 같았어요.

그래서 저는 고등학교 3학년 때 담임선생님께 연락을 드리고 길을 여쭤봤습니다. 선생님은 아주 반갑게 저를 맞이해주시며 올해 수능 제도가 바뀌면서 너무나도 저에게 유리한 조건이 되었다며 학교별 입시 요강을 자세히 살펴보라고 조언해주셨습니다. 저는 2003년에 첫 수능을 봤는데요. 이때까지는 6차 교육과정 수능이었습니다. 언어, 수리, 외국어, 사회탐구 및 과학탐구로 400점 만점이었죠.

그런데 2004년 수능부터는 7차 교육과정 수능으로 바뀌었습니다. 언어, 수리, 외국어가 각각 100점씩이고 사회탐구와 과학탐구 중 하나를 선택하고 사회탐구 중에서도 원하는 4과목을 선정할 수 있었어요. 점수도 과목별로 50점씩 해서 200점 만점이 되었죠.

무엇보다 저에게 기쁜 소식은 과학탐구를 보지 않아도 된다는 점이었어요. 사실 저는 지금도 아이들에게 과학을 가르칠 때는 지도서를 전날에 꼼꼼히 살펴봐야 가능할 정도로 자신이 없거든요. 그 당시에는 더 심했습니다. 정말 과학에 대한 기초적 지식이 부족했죠. 반면 사회탐구 과목들은 다 자신 있게 생각하는 영역이었어요. 역사나 일반사회는 공부를 거의 하지 못하던 고등학교 1학년 때도 점수가 잘 나오는 편이었으니까요.

저는 자신감이 갑자기 샘솟았습니다. 그래서 그날 밤 가족들과 이야기를 나누었습니다. 다니던 학교를 휴학하고 다시 수능을 쳐서 교육대학교에 들어가고 싶다고요. 아이들과 생활하는 게 정말 즐거웠고 적성에 잘 맞을 것 같아서 꼭 하고 싶다고 의견을 말했습니다. 가족들은 제 이야기를 잘 들어주었고 저의 꿈을 응원해주었습니다.

8월에 저는 대학교 앞 고시원에 방을 구했습니다. 고등학생 때 고시원에서 생활하면서 불면증도 경험하고 창문 없는 좁은 공간에 있으면서 건강도 많이 안 좋아진 터라 다시는 고시원에 가지 않으려고 했는데 결국 다시 고시원에 가게 된 것이었죠. 가족들과 함께 사는 집은 대학교 도서관과 멀기도 했고 인터넷 강의를 들을 수 있는 환경이 안 되었거든요. 시간과 돈을 절약하면서 공부에만 전념할 수 있는 조건은 고시원뿐이었습니다. 수능까지 약 3개월 조금 남은 상황이었으니 마음이 정말 급했습니다.

그나마 수능을 본 지 그렇게 오래되지 않아서 감을 잃지 않은 것이 다행이었어요. 그리고 그 당시 정부의 수능 정책이 EBS와 수능을 연계해서 출제하겠다는 것이었습니다. 저에겐 정말 좋은 기회였죠. 도서관의 컴퓨터실에서 EBS 강의를 듣고 밤 열두 시 넘어서까지 열심히 공부했습니다. 어떤 날은 밤 열한 시에 모의고사를 시작해서 새벽 세 시까지 문제를 풀기도 했지요. 몸은 피곤하고 힘들었지만 대학에 들어가서 공부하고 미래에 초등교사가 된다는 상상을 하면서 열심히 버텼습니다.

제가 고시원에 살 때 가끔 막역한 친구인 동우가 도서관에서 함께 공부하러 주말에 왔는데요. 이 친구도 더 좋은 대학에 가기 위해서 수능 공부를 다시 하는 시기였습니다. 서로 의지가 참 많이 되었죠. 도서관 후문 앞에 있는 백반집에서 함께 밥을 먹고 산책할 때면 동우는 저에게 이런 질문을 자주 했습니다.

"현진아, 너는 힘들 때 어떤 생각으로 버티냐?"

친구는 제가 힘든 학창 시절을 견뎌온 걸 모두 옆에서 봐왔기에 항상 궁금했던 것이죠.

"나? 음…. 그냥 '어차피 시간은 간다'라고 자주 생각해. 내가 지금 공부 안 하고 놀아도 시간은 가서 내일이 되어 있을 것이고 밤새도록 공부해도 내일은 올 거잖아. 그냥 그 힘으로 사는 거지."

저도 사실 별로 생각해본 적 없던 질문을 받았는데 '어차피 시간은 간다'라는 말이 떠오르더라고요. 정말 실제로 저는 그런 생각을 어릴 때부터 참 많이 해온 것 같아요. 힘든 일을 겪을 때마다 시간이 흘러서 평온해진 제 모습을 상상하는 것이죠. 만약 시간이 가지 않고 멈춰 있는 것이라면 저는 정말 하루도 못 버텼을 것입니다.


## : 간절히 꿈꾸면 이루어진다!

그렇게 안 올 것만 같던 수능 시험 날이 찾아왔습니다. 처음 수능을 본 해에는 전날 밤에 거의 한숨도 잠을 못 자서 정말 피곤한 상태로 시험을 치렀지만 두 번째 보는 수능은 달랐어요. 잠도 푹 잤고 컨디션도 괜찮았죠. 게다가 수시로 이미 합격한 상태에서 수능을 봐서 일정 등급만 나오면 합격하는 지난 수능과는 다르게 내가 시험 치는 결과에 따라 원하는 대학에 들어갈 수도 있고 못 들어갈 수도 있는 이번 수능은 저의 의지를 확고하게 해주었습니다.

수능 결과는 다행히도 정말 좋았습니다. 심지어 시간이 약간 부족하거나 두 개의 답 중 헷갈리는 것이 있어서 찍었던 문제들도 절반 이상 맞혔으니까요. 정말 하늘이 도운 것이죠. 사회탐구 과목 중 딱 한 과목 근현대사를 제외하고는 국어, 수학, 사회탐구 3과목, 영어까지 모든 과목에서 1등급이 나왔습니다. 힘들게 아르바이트를 하면서 공부했던 고등학교 시절, 좁은 고시원에서 살면서 힘들게 문제집을 풀던 지난날이 떠올라 미묘한 감정이 들었어요. 슬프기도 하고 기쁘기도 하고 감격스럽기도 했어요.

결과표가 나온 후 어떤 학교에 갈지 많이 고민했어요. 정보를 찾다 보니 초등교사가 되는 방법이 교대에만 있는 것은 아니더라고요. 이화여대와 한국교원대에도 초등교육과가 있었습니다. 물론 저는 남자이기 때문에 이화여대는 조건이 안 됐지만요.

뒤늦게 알게 된 한국교원대학교는 제가 가장 마지막에 찾아본 대학이었는데요. 입시 자료를 보는 순간 여기가 내가 가야 할 대학이라는 것을 바로 알 수 있었습니다. 너무나 좋은 혜택이 많았어요. 가장 눈에 띄는 건 기숙사 제도였습니다. 1, 2학년에는 의무로 기숙사에 입사해야 하는데 심지어 무료였어요. 기숙사비만 무료인 것이 아니라 식비까지 무료였죠. 그리고 인터넷을 찾아보니 학기 중에 있는 주말과 명절까지 아침부터 저녁까지 모두 나온다는 것입니다. 학창 시절과 먹는 것과 자는 것에서 많은 설움을 느꼈던 저에게는 더 의미가 깊었죠.

저는 교원대학교 캠퍼스 생활 안내 자료를 보면서 '우와!'라는 탄성을 몇 번이나 질렀는지 모릅니다. 그리고 등록금도 다른 교대에 비해 매우 저렴했어요. 등록금과 입학금이 무료였는데요. 그래서 기성회비만 내게 되어 있었습니다. 제가 기억하는 첫 학기 등록금은 90만 원 정도였어요. 정말 최고의 선물이었고 초등교사가 되기 위해 교원대학교에 지원하였습니다.

# 5

# 대학생이
# 원래
# 이렇게
# 바쁜 건가요?

저는 2005학년도에 두 번째 대학교에 입학하게 되었습니다. 입학 하루 전날인 3월 1일에 미리 학교에 도착했죠. 학교에 미리 간 이유는 교원대의 기숙사 제도 때문이었어요. 1, 2학년은 기숙사 의무 입사였는데요. 정해진 교육을 듣고 규칙을 지켜서 벌점을 초과하지 않으면 이수하는 시스템입니다. 벌점은 무단으로 외박을 하거나 야간 점검 시간에 들어오지 않았을 때 주로 받게 되었는데요. 실제로 벌점 때문에 3, 4학년이 되어서 다시 기숙사에 입사해 교육을 받는 일도 많았습니다.

기숙사는 개강 하루 전날에 미리 들어갈 수 있었어요. 그래서 대부분 3월 1일에 학교에 모여서 기숙사 주변이 시끌벅적했죠. 저는 2005년

3월 1일, 설레는 맘으로 배정받은 기숙사에 들어갔고 룸메이트는 미리 도착해 있었습니다.

교원대는 의무 입사를 해야 하는 1, 2학년 때는 다른 과와 룸메이트가 되도록 방을 배정해줬어요. 아무래도 같은 전공이 아닌 다른 사람들과도 교류하라는 의미겠지요. 제 첫 룸메이트는 수학교육과에 입학한 한 살 어린 동생이었고 함께 사는 4개월 동안 밤마다 학교생활 이야기를 나누며 서로를 다독여주었습니다.

캠퍼스 생활은 정말 재밌었어요. 1, 2학년 때는 초등교육과 내에서 이름순으로 번호를 매긴 후 나눈 반별로 수업을 들었는데요. 저는 박 씨라 A에서 D까지 4개 반 중 B반이었습니다. 초등교육과답게 정말 다양한 과목을 들었어요. 체조와 구기 종목을 배우는 체육, 피아노와 리코더를 배우는 음악, 저를 공포에 떨게 한 미술과 실과까지 교과목 전부를 배웠죠. 그런데 이런 실습 위주의 교과들은 두 시간을 들으면 1학점이 되니 꽤 바빴어요. 과제도 생각보다 많고 기숙사에서 하는 다양한 행사와 교육에도 참석해야 해서 정말 정신없이 시간이 흘러갔죠.

## : 학교생활에 찾아온 위기, 돈을 어디서 구하지?

학교생활의 위기는 제가 자초했는지도 모르겠어요. 사실 제가 워낙 손재주가 없고 어릴 때부터 예체능을 잘못하는 편이라 음악 시간과 미술 시간이 괴로웠는데요. 그런데 그런 어려움은 남들보다 시간을 좀 더 많이 할애하거나 학점을 어느 정도 포기하면 자연스레 해결할 수 있었어요. 큰 문제는 아니었죠. 그런데 제가 스스로 저를 더 바쁘게 만들었어요. 그게 더 큰 문제였습니다.

교원대학교는 다른 교육대학교와는 다르게 유아교육, 초등교육, 중등교육이 모두 함께 있는 종합 교원 양성 대학교입니다. 그래서 복수 전공 제도가 굉장히 활발한데요. 국어교육과 학생이 초등교육이나 유아교육을 복수 전공하기도 하고 반대로 초등교육 전공 학생이 중등 일반사회교육을 복수 전공하기도 했어요. 대신 복수 전공을 선택하는 순간 무지하게 바빠져요. 다른 사람들에 비해 15~20학점은 더 들어야 4년 안에 졸업할 수 있으니까요. 물론 복수 전공을 하는 것은 자기 계발과 교사로서 여러 분야에 전문성을 갖춘다는 것에서 매우 의미 있는 일이고 교원자격증도 하나 더 나오기 때문에 실질적으로 진로에도 큰 도움이 되는 좋은 제도이죠. 하지만 저처럼 공부에만 몰두해서는 학교생활이 버거운 환경을 가지고 있으면 쉽게 선택하면 안 되었지만 다 해낼 수 있다는 근거 없는 자신감으로 일반사회교육 복수 전공을 시작해버렸습니다.

원래는 첫 학기를 잘 적응하고 2학기부터는 수업을 듣는 이외 시간에는 등록금과 용돈을 벌기 위한 아르바이트를 하려고 했습니다. 그런데 복수 전공을 하면서 계획에 문제가 생겨버린 것이죠. 안 그래도 학과 특성상 듣는 수업 시간이 많아서 바쁘고 기숙사 생활을 해서 저녁에도 모임이 잦은 편이라 아르바이트할 시간이 부족한데 복수 전공까지 해버리니 정말 시간이 없었습니다. 그리고 서울시립대와는 다르게 장학금 제도가 많이 발달해 있지는 않았어요. 성적 우수자도 전액 장학금이 아니라 30만 원 정도 장학금을 지급했고 장학금의 종류도 많지 않아 제가 받을 수 있는 장학금은 없었습니다.

그래서 저는 근로 장학을 신청했어요. 기숙사 2층에 있는 컴퓨터실을 관리하는 일이었는데 저녁에 가서 청소하고 컴퓨터를 끄고 뒷정리를 하면 되는 간단한 일이었거든요. 하지만 그것만으로는 등록금과 학교생활에 필요한 용돈을 모두 충당할 수는 없었습니다. 먹고 자는 것이 해결되니 특별히 돈이 들어갈 일이 없다고 생각했지만 그렇지 않았어요. 다양한 모임에 필요한 회비도 내야 했고 전공 서적도 사야 했죠. 그리고 가끔 가족들을 보러 가기 위한 교통비도 사용해야 했습니다.

2학기 등록금은 보통 여름방학 때 고지서가 나오면 내지만 최대한 뒤로 미루면 2학기를 시작하고 일정 기간 안에 내면 되었어요. 나름대로 방학 동안 아르바이트도 하고 2학기를 준비했지만 생각했던 것보다 돈을 많이 모으지 못했어요. 당시 제 가족도 등록금과 학기 중에 필요한 용돈을 선뜻 줄 정도의 상황도 아니었죠.

대략 10월 초순이 등록금을 내야 하는 기한이었습니다. 저는 초조해지기 시작했죠. 당시 기숙사에서 잠이 들 때 항상 이런 생각을 하면서 잤어요. '등록금을 못 내면 학교를 못 다니는 건가?', '휴학하고 군대에 다녀오면 상황이 달라질까?', '몇 년 후가 되면 등록금이 더 비싸지면 어쩌지? 나는 하루라도 빨리 선생님이 되어야 하는데?' 2학기 기숙사 룸메이트는 갑작스레 군대에 가게 되었고 저는 2인실을 혼자 쓰다 보니 이야기를 나눌 사람이 없었고 밤이 되면 부정적인 생각을 하는 날이 잦아졌습니다.

## : 은사님께 도움을 청하다

저를 도와줄 분이 누가 있을지 생각했어요. 그때는 고등학교 3학년 때 담임선생님이 가장 먼저 떠오르더라고요. 제가 서울시립대학교에 수시로 들어갈 수 있도록 많은 도움을 주셨고 문제집을 사서 공부할 수 있게 많은 도움을 주셨습니다. 교사가 되어 떠올려 보니 그때 그 돈을 너무 당연하다고 생각하면서 받은 자신이 부끄러워집니다.

무슨 용기가 났는지 밤에 담임선생님께 전화를 걸었어요. 그리고 부탁드렸죠.

"선생님, 제가 열심히 돈을 모았는데 등록금을 낼 돈이 부족해요. 휴학하지 않고 빨리 졸업해서 선생님이 되어 돈을 벌었으면 좋겠거든요. 제가 선생님께 꼭 갚겠습니다. 혹시 저 좀 도와주실 수 있으세요?"

저는 숨도 안 쉬고 눈을 감은 상태로 말을 했어요. 당연히 그런 부탁을 드리면 선생님이 부담스러워하실 게 당연하다고 생각했고 안 된다고 하셔도 절대 원망하지 않겠다는 마음을 먹고 전화한 것이죠.

"현진이구나. 선생님이 누구한테 돈을 빌려줘 본 적이 별로 없어. 그래도 너는 믿을 수 있을 것 같아. 얼마면 되겠니?"

저는 눈물이 났습니다. 그렇게 선생님은 저에게 두 번으로 나누어서 등록금과 생활비로 쓸 돈을 흔쾌히 빌려주셨어요. 그 돈은 가치를 매길 수 없을 정도로 소중한 돈이었죠. 그 돈으로 학교에 계속 다닐 수 있었고 도와주신 은사님을 위해 열심히 공부해서 교사가 되어야겠다는 간절함도 생겼습니다. 다음 학기 등록금과 용돈은 다른 은사님 한 분과 가족의 도움, 방학 동안 제가 모은 돈으로 해결할 수 있었습니다. 은사님의 도움으로 큰 위기를 넘기게 된 것입니다.

3학년이 되어서부터는 바쁜 학교생활에 적응하면서 저녁과 밤에 고등학생과 중학생, 초등학생을 대상으로 과외 아르바이트를 하고 학교에서 하는 근로 장학을 꾸준히 하면서 경제적으로 큰 어려움 없이 생활할 수 있었습니다.


## : 교사가 되어 다시 은사님을 뵙다

힘들게 복수 전공을 4학년까지 끌고 오다가 암초를 만났습니다. 전공 필수과목을 들어야 졸업이 가능한 상황인데 1학기에 있는 그 수업의 시간표가 하필이면 제가 듣는 군사학 수업과 겹치는 것이었어요. 저는 졸업하면 군대에 장교로 가기 위해 ROTC에 지원해서 군사학 수업을 1학기에 여섯 시간씩 들어야 했습니다.

원래 일반사회교육 전공도 아닌 복수 전공생 한 명을 위해 수업 시간표를 바꾸거나 새로운 강의를 열 수는 없었어요. 선택을 해야 했죠.

1년을 더 다니거나 복수전공을 포기하는 것이었죠. 그런데 1년을 더 다닐 수는 없었어요. 등록금도 문제였지만 ROTC는 졸업하자마자 바로 임관을 해야 했거든요. 사실상 선택지가 없었죠.

생고생하며 복수 전공을 쭉 끌고 왔지만 결국 포기하고 초등교육 전공만 마치고 임용 고사를 보았고 시험에 합격했습니다. 그리고 2009년 2월 졸업장을 받고 3월에 바로 군대에 갔죠. 바쁘고 걱정도 많았지만 즐거웠던 대학 생활 4년은 그렇게 끝이 났습니다.

전역해서 교사 생활을 하는 동안 늘 마음속에 큰 짐이 있었어요. 너무나 큰 도움을 주신 분들이 많아서 누구부터 만나 뵈어야 하나라는 생각이었죠. 또 한편으로는 시간이 너무나 빨리 흘러서 오랜 시간 동안 연락을 못 드리다 보니 다시 연락하는 게 쉽지 않았던 것이죠.

하지만 고등학교 3학년 은사님께는 금전적으로 진 빚도 있으니 꼭 뵈어야 했어요. 그래서 언제 만나 뵐지 생각만 하다가 좋은 기회를 맞게 되었습니다. 바로 제게 결혼할 사람이 생긴 것이죠. 청첩장을 드리면서 돈을 갚기로 한 것입니다. 아내는 제 과거의 상황을 모두 알고 있었기에 흔쾌히 함께 만나는 것을 동의해주었어요. 아내의 든든한 지원을 받아 선생님께 전화를 드렸습니다.

"선생님! 저 현진이에요. 잘 지내시죠?"

"어! 현진이구나. 목소리가 하나도 안 변했네. 이제 선생님 된 거지?"

선생님은 어제 만났던 것처럼 너무나 편안하고 반갑게 맞이해주셨어요. 선생님 댁 근처에서 만나는 것으로 약속을 잡고 전화를 끊었습니다. 대학생 때 돈을 빌려달라고 말했을 때보다 더 떨렸습니다. 하지만 과거에도 그랬듯이 선생님의 편안하고 자상한 목소리는 저를 진정시켜주셨어요.

약속 날, 당시 빌렸던 돈을 잘 챙기고 선생님을 찾아뵈었습니다. 선생님께서 사시는 동네는 모교와 가까운 곳이라 옛날 생각도 나고 참 좋았어요. 일식집에 가서 점심을 함께 먹었습니다. 저는 선생님께 큰절을 올리고 준비한 봉투를 드렸습니다. 선생님은 여러 차례 돈을 받지 않겠다고 말씀하셨지만 저는 꼭 받으셔야 한다고 말씀드리며 돈을 갚을 수 있었습니다. 더운 여름이었기에 근처 카페에 가서 더 많은 대화를 나누었고 꼭 결혼식에 참석하신다는 말을 듣고 저희는 헤어졌습니다.

그런데 결혼식 당일 선생님께서 참석하지 못하셨어요. 몸이 많이 안 좋으셨던 거죠. 선생님은 아내에게 좋은 선물을 사주라며 축의금으로 큰돈을 다시 주셨습니다. 받는 것이 죄송스러웠지만 제가 좋은 선생님이 되어서 저처럼 어렵게 생활하는 아이들을 도우라는 의미로 받아들이고 그 돈을 받았습니다.

스승의날이 되면 항상 은사님이 생각납니다. 학교생활에 지칠 때, 아이들과 갈등이 생기고 학부모님의 민원으로 속이 쓰릴 때 항상 은사님을 생각합니다. 은사님을 위해서 저는 정년퇴직할 때까지 훌륭한 교사로서 아이들을 위해 살아야겠습니다.

# 6

## 발령
## 전이어도
## 선생님은
## 선생님이야!

2008년에 임용고사 시험을 치르고 2009년 3월 1일에 바로 군 생활을 시작했습니다. 학부 시절에 ROTC 생활을 했거든요. 어린 시절부터 운동 신경이 별로 좋지 않고 땀을 많이 흘리는 체질이어서 군 생활을 잘할 수 있을지 항상 고민하던 저에게는 사실 의외의 선택이었죠. 장교가 되려면 병사들을 교육해야 해서 더 강도 높은 훈련을 받아야 하고 사병보다 복무기간도 훨씬 길어서 저처럼 군대와 안 어울릴 것 같은 사람이 장교가 되겠다고 하니 주변 친구들도 걱정이 많았습니다.

제가 ROTC를 선택한 이유는 딱 두 개였어요. 첫 번째 이유는 ROTC가 정말 멋있어 보였어요. 교양 수업이나 복수 전공 수업을 들을 때 주로 3, 4학년이 있는 도서관 열람실에서 단복을 입고 다니는 선배들을 많이 봤습니다. 남자다움이 느껴지고 자신감이 넘쳐 보였습니다. 저도 ROTC가 되면 훨씬 행동에 자신감이 생기고 멋진 학교생활을 할 수 있을 것 같았어요.

두 번째는 ROTC가 가지는 경제적 장점이었습니다. 일반 사병으로 군대에 가게 되면 기간은 짧지만 경제적으로는 2년 동안 이득이 전혀 없었어요. 월급이 10만 원도 안 되는 시기였으니까요. 오히려 휴가 나와서 쓰는 돈이 그걸 넘어길 정도였으니까요. 그런데 장교로 임관하게 되면 28개월 동안 월급을 받게 됩니다. 저는 초임 장교 시절에 120만 원 정도 받았고 전역 직전에는 200만 원 가까이 받았어요. 머릿속으로 계산해본 결과 ROTC 하는 동안 번 돈으로 작은 원룸 전셋집 정도는 구할 수 있을 거라는 희망이 생겼습니다.

그렇게 저는 학군단이 되었습니다. 팔굽혀펴기, 윗몸일으키기, 3km 달리기를 하는 체력시험부터 아주 난관이었지만 정말 힘들게 통과했고 방학 중에 가는 군사 훈련도 딱 쓰러지기 직전까지 가서 무사히 수료했어요. 겨울방학에는 2주, 여름방학에는 4주였는데요. 특히 여름에 하는 4주 훈련은 안 그래도 땀이 많이 나는 저에게는 인생에서 가장 몸이 힘들었던 시간으로 기억합니다.

## ：소통하고 공감하는 초임 장교가 되다

3월 1일 초급 장교 소위로 임관해서 4개월 동안 OAC라는 장교교육을 받았어요. 학군단 시절 동안 점수가 그렇게 높지 않았기 때문에 원하는 병과에는 가지 못하고 포병에 지원해서 포병장교가 되었습니다. 교육을 받는 동안은 지도 장교와 훈육관들에게 이론 강의와 실습 강의를 듣는 것이 주된 시간이었기 때문에 대학 생활의 연장같이 느껴졌습니다. 물론 A형 텐트를 치고 2주 동안 합숙 훈련을 받을 때나 어깨가 빠지기 직전까지 가야지만 쉬는 시간이 오는 행군을 할 때, 고소공포증이 있는 저에게 심장을 몇 번 가져갔다가 다시 반납한 유격 훈련을 받았을 때는 빼고요.

그해 7월 철원에 있는 포병부대로 자대 배치를 받았습니다. 이제 진정한 군 생활이 시작된 것이죠. 그곳에서 저는 전포대장이라는 직책을 맡았어요. 보병으로 치면 부중대장 역할이었죠. 포병에서는 부대 단위를 포대라고 불렀는데요. 그 장을 포대장이라고 합니다. 그리고 포대장을 보좌하는 장교가 바로 전포대장이었죠. 제 밑에 병력을 70명 정도 둔 지휘자 역할을 맡았습니다.

제가 가지고 있는 교육관과 초등교사로서의 마음가짐 때문이었을까요? 저는 흔히 생각하는 군대 간부들과는 전혀 다르게 병사들을 대했어요. 부대 안에서 문제가 생겼을 때 군기를 잡을 필요가 있을 때 소리를 지르고 얼차려를 주는 것이 아니라 갈등 당사자들을 불러 대화했습니다. 어떤 마음으로 그런 행동을 했는지 앞으로 어떤 변화가 생기면 문제를 해결할 수 있을지를 듣고 '나는 너를 믿는다', '앞으로 그러면 전포대장이 많이 서운할 것 같다'라고 하며 감정으로 호소했죠. 또 전역을 앞둔 병장들의 말년 휴가 시즌이 되면 철원에서 가장 맛집이 많은 동송에서 맥주를 사주기도 했고 여자 친구에게 주라고 선물을 챙겨주기도 했습니다.

생각보다 이 방법이 잘 통했어요. 소통하고 공감하는 것을 지속해서 보여주다 보니 간부와 부하 간의 관계가 아닌 형과 동생의 관계, 좋은 선생님과 제자의 관계가 형성된 것이죠. 병사들은 제가 전역 후에 초등교사가 될 것을 알고 있었기에 저에게 '전포대장님은 좋은 선생님이 되실 것 같습니다'라고 격려를 많이 해주었습니다. 그 격려는 지금도 저에게 큰 힘이 되고 있습니다.


## : 선생님의 마음으로 군 생활을 마치다

제가 전포대장이 된 지 6개월 정도 되었던 시기였습니다. 아직 중위로 진급하지 않은 상태였죠. 한참 포대장님께 혼이 나기도 하면서 열심히 군대 훈련 방법과 군대 문화를 배워가는 시기였는데 포대장님이 병 휴가를 가게 된 것이었어요. 다리에 있는 철심을 빼는 수술을 하게 된 것이죠. 포대장님은 저를 믿을 수 있어서 수술하러 갈 수 있다며 힘을 주셨지만 솔직히 많이 부담되었어요. 포대 전술훈련도 예정되어 있었고 야간 행군도 얼마 안 남았었거든요.

특히 포대원들과 함께한 야간 행군 날은 저에게 정말 뜻 깊은 날이 되었는데요. 정말 추운 겨울에 20km 행군에 나갔어요. 그날따라 어찌나 행군이 힘들던지 정말 그만하고 싶다는 생각이 절로 들었죠. 하지만 포대장님이 없으니 함께 간 70명 포대원은 저만 믿고 행군에 임하고 있었어요. 약한 모습을 보일 수가 없었죠.

마지막 4km를 남겨두고 쉬는 시간을 갖는데 평소 몸이 좀 약한 편인 일병 친구가 저에게 찾아왔습니다. 도저히 행군을 끝내지 못하겠다고 한 것이죠. 그날은 대대장님이 특별히 모든 부대원이 완주하면 막걸리와 두부김치를 주겠다고 공언하신 날이었습니다. 그래서 그 친구도 꾹 참으며 여기까지 왔는데 어깨가 너무 아파서 도저히 군장을 멜 수가 없는 상태였던 것입니다. 저는 군의관과 의무병을 불러서 차를 태워 보낼 것인지 끝까지 가보자고 설득해 볼지 고민했어요.

"도현아, 혹시 전포대장에게 군장을 주고 단독군장으로는 완주할 수 있겠니?"

그날은 간부들도 모두 완전군장을 한 상태라 저도 완전군장 상태였지만 갑자기 저도 모르게 힘이 나서 군장을 메겠다고 한 것이죠.

"네, 전포대장님. 도와주시면 완주하고 싶습니다."

그렇게 저는 길지 않은 거리지만 군장 두 개를 들고 모든 부대원과 완주할 수 있었습니다. 행군을 마치고 먹은 막걸리와 두부김치는 정말 평생 잊을 수 없을 것 같습니다.

그렇게 1년의 전포대장 임무를 마치고 부대의 훈련 계획을 짜는 교육 장교로 보직이 변경되었습니다(아무래도 교육을 전공해서 그런지 2년 차에는 교육 장교가 되었습니다). 당시 A포대 병사들은 저를 잊지 않았어요. 저를 보러 교육부 사무실에 찾아오거나 휴가에 복귀하면서 제 생일 선물을 챙겨주기도 했지요.

이 친구들과 가장 기억에 남는 일이 하나 있습니다. 제 마지막 당직 근무 날이었는데요. 우연히도 그날은 A포대에서 근무를 서게 되었습니다. 그때 마침 제가 전포대장으로 있을 때 이등병으로 들어온 병사 두 명이 상병 휴가에서 복귀하는 날이었습니다. 군 생활에서 가장 힘든 건 이등병 생활인데요. 모든 것이 두렵고 답답하고 심리적으로 불안한 상황을 겪습니다. 그 친구들도 그랬어요. 처음 적응할 때 무척이나 힘들어해서 제가 일과시간이 끝나면 PX에서 간식을 사주기도 하고 주말에는 이등병들만 따로 라면 파티를 해주기도 했습니다.

그게 너무나 고마웠나 봅니다. 그 친구들은 제게 그날이 마지막 당직근무 날이고 이틀 후 전역 전 휴가를 나가는 것을 미리 알고 이벤트를 준비했어요. 복귀하는 길에 케이크를 사서 들어왔고 일주일 전부터 저와 함께 생활했던 병사들을 찾아다니며 글을 쓰게 해서 롤링 페이퍼를 만들어 선물로 가져온 것입니다. 저는 진짜 상상도 못 한 이벤트에 정말 감격했죠. 케이크에 초는 27개가 꽂혀 있었는데요. 특별한 두 가지 의미가 있었어요. 제 나이 27살, 지금까지 군대에서 생활한 지 27개월을 기념하는 것이었죠.

요즘도 친하게 만나는 장교 동기 일진이와 부사관 동생 수신이에게 그날 이야기를 하곤 합니다. 지금 돌이켜 보면 군대에서 A포대원들과 함께 보냈던 시절은 제 첫 번째 교사 생활이었던 것 같습니다.

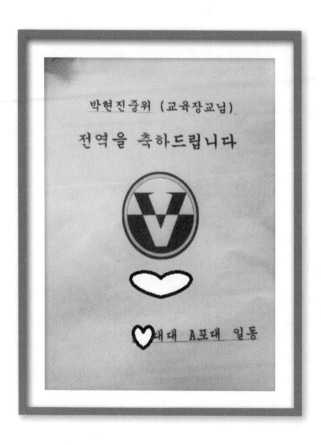

# 2부

# 아이들과
# 함께
# 성장해요

# 1

# 첫
# 학교부터
# 이게
# 무슨 일?

　2011년 6월 30일에 전역하고 9월 1일자로 첫 학교에 발령을 받았습니다. 기다리고 기다리던 교사 생활이었고 항상 군대에 있을 때는 학교에 나가 아이들을 만나는 즐거운 상상이 제 버팀목이 되어주었기에 그 설렘은 더욱더 컸죠. 게다가 저를 더 들뜨게 한 것은 발령받은 학교가 3학년 때 교생실습을 다녀온 학교였던 것이죠. 운명이라고 생각했습니다.

　8월 27일에 처음으로 인사 드리러 학교에 갔습니다. 학교 규모가 워낙에 큰 곳이라 교감 선생님이 두 분이나 계셨어요. 두 분 모두 이미 교장 자격 연수를 받으신 분들이셨고 발령을 앞두고 있어서 저와 길게 근무해도 1년 정도만 근무할 수 있다고 하셨죠. 교장 선생님도 마찬가지셨어요. 퇴임을 1년 앞두고 계셨거든요. 정말 아버님같이 편안하게 대해주셨는데 발령을 받기 전부터 이별할 생각을 하니 아쉬운 감정이 먼저 생길 정도였습니다.

## : 졸업을 6개월 앞둔 6학년 담임이 되다

발령받은 학교에 인사드리고 온 날 저녁 다시 학교 근처로 갔어요. 펜과 노트, 수정테이프 등 필요한 문구류를 사기 위해서였죠. 학교는 대단지 아파트가 둘러싸고 있었는데 단지 내 상가에 역시나 문구점이 있어서 반가운 마음으로 들어갔습니다.

필요한 물건을 가지고 계산하려는데 문구점 사장님께서 저에게 질문하셨어요.

"총각, 처음 보네요. 이사 왔어요?"

아무래도 아파트 주민과 학생들이 대부분 오는 작은 문구점이다 보니 웬만한 손님은 다 아시는 것 같았죠.

"아, 제가 이 앞 초등학교에 9월 1일자로 발령받아서 오게 되었어요. 잘 부탁드립니다."

"아이고, 그러셨구나. 역시나 남자 선생님이 오신다고 들었는데 맞았네. 그 반 일 때문에 주민들이 걱정이 많았어요. 잘 좀 부탁해요."

"네? 무슨 일이 있었나요?"

"아직 못 들었어요? 일부러 말을 어른들이 안 하신 것 같네."

더 여쭤보지 않고 문구점을 나왔습니다. 학급에 무슨 일이 있었기에 동네 문구점 사장님까지 소식을 알 정도인지 궁금해졌습니다. 제가 6학년의 한 반에 들어가게 된다는 것과 선생님께서 몸이 안 좋으셔서 병휴직을 쓰신 것까지만 알고 있었거든요.

발령 전날인 8월 31일에 다시 학교를 나가 기존 담임선생님을 만났습니다. 생각보다 어린 선생님이셨습니다. 학급에 대해 인수인계를 받는데 컴퓨터의 학급 경영과 수업 관련된 폴더와 아이들의 출석부, 학급 일지가 꼼꼼하게 잘 정리되어 있었습니다. 선생님께 학급에 무슨 일이 있었는지 여쭈고 싶었지만 몸이 좋지 않아 휴직을 내시는 분께 예의가 아닌 것 같아 꾹 참고 인수인계를 마쳤습니다.

일을 다 보고 교무실에서 잠시 쉬고 있는데 교장 선생님께서 저를 교장실로 부르셨습니다.

"박 선생, 거기 편하게 앉아. 내일이 발령받고 처음 근무하는 날이라 떨리지? 오늘 애들 만나는 날도 아닌데도 넥타이까지 다 갖추고 왔네."

교장 선생님께서는 역시나 아버지 같은 자상함으로 저를 편안하게 대해주셨습니다.

"네. 교장 선생님. 조금 떨리긴 하는데 그래도 기대됩니다. 빨리 반 아이들을 만나보고 싶네요. 이전 담임선생님께 인수인계도 잘 받았습니다."

"아, 담임선생님을 만났구나. 그럼 혹시 학급 일도 들었나?"

"네? 아니요. 교장 선생님. 사실 저도 무슨 일이 있었는지 궁금하네요. 걱정도 되고요."

교장 선생님은 약간 뜸을 들으시더니 말씀을 시작하셨습니다.

"진우라고 남학생이 그 반에 있는데 선생님이랑 일이 좀 있었어. 다른 애들보다 덩치도 크고 힘도 센 편이라 사춘기가 좀 빨리 온 것 같아."

저는 진우에 대한 교장 선생님 설명을 진지하게 들었습니다. 사건은 이랬습니다. 평소에 진우가 남학생과 여학생 모두에게 힘자랑을 좀 많이 했던 것이죠. 간식을 사 오라고 시키고 생일에는 선물을 요구하기도 하고요. 그리고 젊은 담임선생님께도 반항적인 행동을 많이 했습니다. 친구들 문제로 선생님께 혼이 나도 자신의 잘못을 인정하지 않거나 거짓말하기도 하고 '그래서 어떡하라고요?', '짜증나요!'와 같이 예의에 어긋나는 말도 사용했던 것이죠.

담임선생님은 진우의 부모님과도 연락해서 아이 교육을 위해 노력하셨지만 그것 또한 어려웠어요. 진우가 부모님과 함께 살지 않다 보니 가정과 연계 지도가 안 됐던 것이죠. 그러다 방학 전에 일이 한 번 크게 터진 것입니다. 복도에 줄을 서서 이동하는데 진우가 자꾸만 줄에서 벗어나고 새치기를 해서 선생님께서 꾸짖었는데 진우가 신경질을 내며 선생님과 갈등이 생겼던 것입니다.

이후로도 진우와 선생님의 갈등은 끊이지 않았고 진우 때문에 학급의 다른 친구들도 수업을 제대로 받지 못하는 상황이 되어버려서 학부모님들이 민원을 제기하기도 했어요. 담임선생님은 완전히 지쳐버리신 것이죠.

이야기를 들으면서 착잡한 감정이 들었습니다. 저 또한 사춘기를 거친 남학생으로 선생님께 예의에 어긋나는 행동을 한 적도 있고 수업을 방해한 적도 많았지만 진우의 행동은 너무 도가 지나친 경우가 많았어요. 선생님이 안쓰러웠죠. 또 한편으로는 부모님과 함께 살지 못하는 환경에 있다는 이야기를 들으니 진우가 가엽게 느껴지기도 했습니다. 초등학교 시기는 부모의 사랑을 온전히 받으며 학교에서는 여러 친구를 만나며 사회성을 배워가야 하는 시기인데 진우는 그런 기회가 없는 아이 같았으니까요.

집에 돌아와 교장 선생님께 들은 내용을 수첩에 잘 정리했습니다. 그리고 진우를 만나면 어떻게 대할지 여러 가지 방법을 떠올려 보았습니다.

'군대처럼 기선 제압? 아빠처럼 보듬어 볼까? 안 좋은 행동을 할 때마다 일부러 무시해볼까?'

드디어 첫 출근날이 되었습니다. 아침에 방송조회를 했어요. 여름방학에 있었던 대회 상장을 나누어주는 시간을 갖고 저를 소개하는 시간이 왔습니다.

"여러분, 반가워요! 저는 박현진 선생님입니다. 2007년도에 교생실습으로 이 학교에 왔었는데 운명인지 다시 오게 되었어요. 앞으로 잘 부탁합니다."

방송실 옆은 5학년 교실이었는데 제가 인사를 하자 힘찬 박수 소리가 들려왔습니다. 정말 고마웠죠. 인사를 마치고 처음으로 제가 맡을 6학년 아이들이 있는 교실에 갔습니다. 다른 친구들도 궁금했지만 진우라는 아이가 가장 궁금했죠. 처음 만난 아이들은 정말 조용했어요. 아무 말 없이 저를 멀뚱멀뚱 쳐다보기만 했죠. 그런데 빈자리가 하나 보였습니다. 진우는 교실에 없었습니다.

## : 비뚤어진 사춘기 남학생을 만나다

알고 보니 진우는 이전 선생님과의 문제와 같은 반 친구들 간의 갈등으로 벌을 받은 상황이었어요. 그래서 수업 시간에 학급 아이들과 함께 있지 못하고 방송실이나 방과 후 교실에서 교감 선생님, 전담 선생님과 함께 시간을 보내는 상황이었습니다. 1:1 상담을 받기도 하고 교내 봉사활동을 하기도 했고요. 10일간 조치를 받아서 제가 담임을 맡은 후 일주일 동안은 교실에 오지 않게 된 것입니다.

진우가 없는 교실은 평온했어요. 아이들끼리 사소한 갈등은 있었지만 본인들끼리 해결하거나 제가 잠깐만 개입해도 금방 해결되는 일들이었죠. 그리고 아이들도 첫인상보다 정말 밝았어요. 6학년이지만 새로운 담임선생님과 잘 지내고 싶다고 문자로 표현하기도 하고 학급 홈페이지에 친구를 칭찬하는 글도 잘 썼죠.

그런데 진우가 오자 학급 분위기는 갑자기 싸늘하게 변했어요. 특히 여학생들의 반응이 무척이나 차가웠어요. 저는 그 이유를 며칠이 지나고 바로 알 수 있었죠. 진우가 오기 전에는 남학생과 여학생이 서로 같이 놀기도 하고 티격태격하더라도 누가 더 우위에 있는지 알 수 없는 관계였어요. 하지만 진우는 남학생들과 함께 몇몇 여학생을 대놓고 놀리고 따돌리기 시작했어요.

"야, 우성이 너, 정희진이랑 말했냐? 썩어."

제가 쉬는 시간에 그걸 몇 번 듣게 되어서 지적했지만 항상 진우의 대답은 똑같았어요.

"저 안 그랬는데요. 그리고 정희진 쟤 원래 이상해요."

더 놀라운 건 그런 놀림을 당하는 여학생들이 무덤덤했다는 것입니다. 알고 보니 꽤 오랫동안 그 친구는 진우에게 놀림을 듣고 따돌림을 당하고 있었어요. 이유도 너무 단순했죠. 몸이 좀 통통하거나 키가 작은 아이, 목소리가 얇은 아이….

저는 진우의 행동에 너무 화가 많이 나서 정말 한 달 넘게 소리를 많이 질렀던 것 같아요. 반성문을 쓰게도 해보고 놀림을 받는 친구와 같이 남겨 삼자대면을 시키기도 했죠. 하지만 진우는 제가 소리 지르고 화를 낼 때만 잠시 그 행동을 안 할 뿐이었습니다. 전혀 변화가 없었습니다. 완전히 생활지도에 실패한 것이죠.

첫 학교에서 만난 힘든 아이 진우와 우리 반 친구들을 위해 할 수 있는 게 없다는 생각에 힘이 쭉 빠지고 선생님으로서 부끄러움을 느끼게 되었습니다.

# 2

## 그렇게
## 진짜
## 선생님이
## 되었어요

힘들게, 힘들게 하루하루를 별일 생기지 않기만 전전긍긍하며 두 달을 보냈습니다. 그런데 진짜 위기는 지금부터였습니다. 11월 마지막 주 목요일 저녁에 학부모님께 전화 한 통을 받게 되었습니다.

"선생님, 우리 아이가 내일 학교에 가지 않겠다고 하네요."

사실 저는 마지막 주 금요일이 되면 생일인 친구들을 위한 파티를 열어주었는데요. 하필이면 그 즐거운 날, 그것도 생일을 맞이한 남학생의 부모님이어서 더욱 놀랐습니다.

"혹시 아이가 아픈가요? 내일 생일 파티를 하기로 했는데 아쉽네요."

"그러게요, 선생님. 아이가 진우 때문에 학교에 가지 않겠다고 하네요. 다른 남학생들 몇 명도 같은 이유로 가지 않으려고 한다네요."

전화가 길게 이어지다가 좀 더 자세한 이야기를 듣기 위해 아이의 집에 방문했습니다. 그날 저녁에는 우리 반 학부모님 세 분이 오셔서 상황을 설명해주셨습니다. 사실 저는 진우가 주로 여학생들을 많이 놀리고 따돌리는 것에 신경을 썼습니다. 그런데 부모님들 이야기를 들으니 진우와 남학생들 사이의 문제도 심각한 수준이었던 것이죠.

부모님들께 꼭 좋은 방향으로 교육해보겠다고 약속드리고 내일은 학교에 아이들이 오기로 하고 집에서 나왔습니다. 그날 밤 부모님들을 만나 뵙고 집으로 돌아가면서 아이들에게 너무나 미안한 마음이 들었습니다. 학교에서 선생님으로 역할을 다하지 못했다는 생각이 들었거든요. 제가 자리를 비우는 쉬는 시간, 점심을 먹고 나서 5교시가 시작하기 전의 교실, 아침 등굣길, 오후 하굣길에서 제가 모르는 수많은 사건이 일어나고 있던 것입니다. 물론 교사는 신이 아니기에 아이들이 등교할 때부터 집에 돌아갈 때까지 모든 일을 다 알 수는 없지만 아이들과 좀 더 대화했더라면 쉬는 시간이나 하굣길에 관심을 더 기울였다면 막을 수 있는 일도 충분히 있었을 텐데….

진우에 대한 교육 방법을 바꿔보기로 했어요. 진우를 다그치고 혼낸 후 집에 보내다 보니 진우가 저에게 받은 스트레스를 다른 아이들에게 푸는 것 같다는 생각이 들었으니까요. 다음 날 아침 1교시 도덕 시간에 아이들 전체를 원으로 앉혔어요. 물론 진우도 포함해서요. 그리고 진실게임 시간을 가졌습니다.

"얘들아, 선생님이랑 오늘 생일 파티를 하기 전에 우리 진실게임을 해 볼까? 선생님에게 먼저 질문해도 좋아!"

아이들은 다양한 주제로 저에게 질문했습니다. 그날만큼은 대답하기 곤란한 연애사까지 줄줄 다 이야기해주었죠.

"자, 이제 선생님이 물어볼 시간이지. 선생님은 너희 모두에게 질문하는 거야. 혹시 요즘 힘든 일이 뭐가 있는지 말해줄래? 고민이 있으면 말해도 좋고."

밝은 아이들 몇몇은 "힘든 일 없어요!", "고민이 뭐예요?"라며 장난스레 얘기했습니다. 그런데 진우에게 괴롭힘을 당해서 힘들어하던 한 친구가 말하기 시작했습니다.

"사실 요즘 진우 때문에 힘들어요. 오늘 생일 파티 때 과자를 사 오라고 시켰어요."

"내가 언제? 거짓말 마!"

바로 진우가 끼어들었어요. 그때 또 다른 친구가 말을 이어갔어요.

"선생님, 저도 진우 때문에 힘들었어요. 친구들 앞에서 기어가는 거북이 흉내를 내라고 시킨 적도 있어요."

한 명이 말하니 여러 친구가 용기를 내서 자신이 겪은 일들을 말했습니다. 그리고 직접 겪지 않은 친구도 자신이 목격한 일을 이야기했죠. 진우도 처음에는 한 명 한 명 말할 때마다 대응하다가 이제는 지쳤는지 조용해졌습니다. 사실 저는 이 시간에 두 번 놀랐어요. 아이들이 말하지 않을 줄 알아서 어떻게 유도해야 하나 고민했는데 친구들이 스스로 잘 말해줘서 놀랐고 진우가 흥분하거나 돌발행동을 할 줄 알았는데 생각보다 침착해서 놀랐습니다.

"그랬구나. 선생님이 우선 미안하구나, 얘들아. 앞으로는 그런 일이 생기면 꼭 이야기해줬으면 좋겠어. 그리고 진우는 잠시 선생님이랑 상담실에 갈까?"

다음 시간이 영어 시간이라 전담 선생님께 말씀을 드리고 진우와 대화하기 위해 상담실에 갔습니다. 교실에서 있었던 이야기는 꺼내지 않았습니다.

"진우야, 오늘 저녁에 선생님이 맛있는 거 사줄까? 너 뭐 좋아해?"

진우는 저를 이상한 눈빛으로 쳐다보고 대답하지 않았습니다. 아마 자신을 혼낸다고 생각했을 텐데 갑자기 맛있는 걸 사준다고 하니 이상했겠죠.

"그냥 진우 이야기를 들어보고 싶어서 그래. 저녁에 선생님 집 근처로 가자."

그날 저녁 진우와 많은 대화를 나눴습니다. 함께 치킨도 먹고 진우가 좋아하는 PC방도 같이 다녀왔죠. 이야기를 들어보니 진우는 심리적으로 힘든 시기를 겪고 있었습니다. 집안 사정상 부모님이 집에 들어오시지 않는 날이 많아서 어린 동생과 단둘이 잠을 자야 할 때가 많았고 밥을 먹지 못하고 컵라면으로 때우거나 아예 끼니를 건너뛰는 날도 많았습니다. 진우의 이야기를 들으니 저의 옛날 생각이 났습니다.

"진우야. 다음에 또 선생님이랑 만나서 같이 맛있는 거 먹을까? 다음번에는 진우랑 가장 친한 친구도 함께 와도 좋아."

"진짜요? 두 명도 괜찮아요? 그럼 우성이랑 민규랑 같이 가야지!"

진우가 신나서 말했습니다.

"진우야, 대신 약속이 있어. 오늘 진우 때문에 힘들다고 했던 친구들 기억나지? 여학생, 남학생 모두. 그 친구들한테 사과했으면 좋겠어. 그리고 앞으로 나쁜 행동은 안 했으면 좋겠고. 진우도 그 행동들이 나쁘다는 것 알지?"

진우는 조금 망설이는 것 같더니 고개를 숙이며 대답했습니다.

"네, 알아요. 근데 사과는 바로 못 할 것 같아요. 좀 어색해요. 대신 나쁜 행동들은 안 하도록 노력할게요."

"그래, 좋아. 하나씩 차분하게 노력해보자. 진우가 화가 나면 잘 참지 못할 때가 많잖아. 그럴 땐 선생님이 도와줄게."


## : 조금씩 변화한 진우, 무사히 첫 해를 넘기다!

그 후로 진우는 조금씩 변하는 모습을 보여줬습니다. 물론 습관적으로 짜증을 내거나 체육 시간에 여학생을 놀리는 일은 가끔 있었지만 확실히 횟수가 많이 줄었던 것이죠. 평일 어느 날 수업이 끝나고 진우가 집에 가기 전에 저에게 와서 말했어요.

"선생님, 저 오늘 쉬는 시간에 윤호한테 화냈는데요. 아까 미안하다고 말했어요."

진우가 친구한테 사과를? 저는 제 귀를 의심했지요. 그리고 진우 표정을 보니 딱 봐도 칭찬을 갈구하는 얼굴이었습니다.

"그래! 진우 잘했다. 사과하니까 어때? 마음이 편해지지?"

"조금 그런 것 같아요."

그 후에도 작은 사건사고는 있었지만 아이들이 학교에 나오지 않거나 크게 싸워서 다치는 일은 없이 무사히 잘 지나갔습니다. 진우가 힘들게 했던 모든 친구에게 다 사과하지 않았다는 것은 아쉽지만 그래도 초등학교의 마지막인 6학년 2학기를 학급 친구들 모두가 무사히 마쳤다는 것은 기뻤습니다.

첫 학교, 첫 제자들이 6학년이고 바로 졸업을 시키다 보니 더 의미가 큰, 평생 못 잊을 아이들이 되었습니다. 벌써 이때의 제자들이 성인이 되었습니다. 몇몇 친구들은 몇 년 후에 제 결혼 소식을 듣고 멀리까지 찾아와 축하해주었고 머그잔에 저와 제 아내의 사진을 넣어서 세상에서 가장 소중한 선물을 해주기도 했습니다. 아직도 따뜻한 커피를 그 컵에 담아 마시고 있습니다.

얼마 전 6학년 2학기 반장이었던 친구가 연락이 왔더라고요. 아이들과 연락해서 저를 꼭 만나러 오겠다고요. 아이들 졸업식 날이 떠오릅니다. 저는 장문의 편지를 적어서 아이들에게 읽어주고 아이들을 위한 노래를 불러줬어요. 저와 아이들은 헤어짐의 아쉬움으로 함께 눈물을 흘렸죠. 저는 그렇게 아이들과 함께 배우며 한 단계 성장한 진짜 선생님이 되었습니다.

# 3

# 수학
# 포기한 아이,
# '접바둑'으로
# 살리다

2016년 3월, 한국의 이세돌 9단과 알파고와의 바둑 대결을 기억하나요? 이 세기의 대결은 인공지능의 어마어마한 발전을 느낄 수 있는 의미 있는, 혹은 두려운 에피소드가 됐습니다. 그러나 바둑애호가인 저의 마음은 한국 바둑계의 자존심이자 수 싸움의 대가인 이세돌 9단이 인공지능에 무너지는 것을 보면서 참 가슴이 아팠던 것 같습니다.

세기의 대결은 시간이 지나면서 저를 포함한 바둑 애호가에게 기쁜 소식도 들려줬습니다. 바둑의 장점들이 일반인들에게도 소개되기 시작한 것입니다. 그중 두 가지만 소개해보겠습니다.

첫째, 바둑에는 수많은 경우의 수가 존재한다는 것입니다. 바둑판은 가로와 세로 각각 19개 줄로 이루어져 착수할 수 있는 점이 총 361개 있습니다. 게다가 백과 흑이 서로 번갈아 두기 때문에 어떤 수가 나올지 예상할 수 없습니다. 바둑이 진행될수록 경우의 수는 더욱 무한정 커지는 것이지요. 저 역시 바둑을 처음 둔 초등학교 때부터 수없이 많은 게임을 치렀지만 똑같기는커녕 서로 비슷한 바둑조차 없었던 것 같습니다.

둘째, 바둑은 평등한 스포츠라는 점입니다. 물론 바둑이 스포츠인지 아닌지에 대해서는 갑론을박이 있지만 우리나라에서는 이제 스포츠로 인정하는 흐름인 듯합니다. 전국 소년체전 정식 종목으로 채택돼 바둑으로 금메달을 따는 선수들이 생겼기 때문이지요.

바둑을 두는 사람들은 바둑을 두는 것, 바둑이 끝난 후 복기하는 것을 두고 '수담을 나눈다'고 표현합니다. '말하지 않아도 알아요'라고 시작하는 노래를 아시나요? 정말 바둑은 말이 필요 없습니다. 오히려 말을 하면 상대방을 방해하는 것이 되죠. 즉 언어가 통하지 않아도 손과 두 종류의 돌만 있으면 서로 대화가 가능한 것이지요. 바둑은 언어, 인종, 성별 등과는 아무 상관없이 서로 한 번씩 번갈아 가면서 두는 평등한 스포츠입니다.

저는 10년간 초등학교 아이들을 만나고 있습니다. 초등학교의 특성상 아이들과 거의 동고동락하면서 많은 추억을 만들며 하루하루 살아가고 있는데요. 그런데 취미로 바둑을 공부하면서 느낀 점이 참 많습니다. 교육에 대한 고민거리를 바둑에 비유해 보면 저에게 다가온 어려운 문제들도 술술 풀리더라고요.

실제로 우리 삶을 바둑이라는 메타포(은유)로 나타내는 경우가 상당히 많습니다. 드라마 「미생」을 기억하시나요? 정말 장그래의 모습과 '미생(살아 있지 못한 돌)'이란 말이 잘 어우러진 드라마였습니다. 미생은 사람에 비유할 때 아직 완성되지 못한 불안한 존재를 말합니다.

또 고등학교 때 열심히 공부할 때 보았던 문제집 「수학의 정석」을 모두 아실 것입니다. 정석이라는 말도 사실은 바둑 용어입니다. 이처럼 바둑은 인간의 삶과 많은 부분이 닮아 있습니다. 사람의 생애에서 매우 큰 부분을 차지하는 교육 역시 바둑을 통해 바라보면 훨씬 이해하고 설명하기가 쉬워집니다.

## : 교육에도 '접바둑'이 필요하다

초임 교사 시절 초등학교 5학년 아이들과 1년을 보낼 때의 일입니다. 경인이라는 아이는 참 밝고 친구들에게 친절한 아이였지만 수학 시간만 되면 기가 많이 죽어 있었어요. 흔히 우리가 얘기하는 '수포자(수학포기자)'였던 것이죠.

그 아이가 참 안타까웠습니다. 그날 수학 시간의 학습 주제는 '삼각형 그리기'였습니다. 삼각형을 그릴 수 있는 조건은 여러 가지가 있는데 그날은 두 변과 끼인각을 알 때 삼각형을 그리는 시간이었습니다. 역시나 경인이는 시작도 못 하고 있었어요. 저는 경인이가 하교한 후

교실에서 많이 고민했습니다. '왜 똑같은 조건으로 가르쳤는데 경인이만 어려워하는 걸까?'

하지만 이 고민은 저의 잘못된 생각이었다는 것을 그날 밤 바둑 모임에서 깨달았습니다. 그날은 바둑을 저보다 잘 두시는 분과 함께 연습 바둑을 하는 날이었는데요. 저는 그분보다 하수이기 때문에 접바둑을 두게 됐습니다.

접바둑은 바둑을 두는 방식을 의미하는 용어입니다. 바둑을 두는 방식은 크게 세 가지가 있는데요. 첫 번째는 비슷한 실력끼리 돌 가리기를 통해 흑과 백이 번갈아 한 번씩 두는 호선 바둑, 두 번째는 1치수 (1단이나 1급) 차이가 나서 실력이 조금 부족한 사람이 흑을 두고 실력이 조금 높은 사람이 백을 두는 정선 바둑입니다. 그리고 세 번째가 바로 접바둑입니다. 저는 저보다 실력이 높은 분과 바둑을 두었기 때문에 '2점 접바둑'을 두었습니다. 먼저 흑을 두 점 두고 시작하는 것입니다. 그러면 당연히 흑이 더 유리하겠지요. 하지만 실력 차이를 고려했을 때 접바둑을 둬야 실력이 맞고 평등하다는 것입니다.

이 바둑을 시작했을 때 불현듯 우리 반 경인이가 떠올랐습니다. 지금까지 수학에 대한 흥미가 없고 기본적인 지식이 부족한 경인이를 다른 아이와 똑같은 조건으로 가르치면서 그 아이가 못한다고 답답해했던 것입니다.

그날 밤 집으로 돌아온 저는 경인이만을 위한 특별한 학습지를 만들기로 했습니다. 다른 아이들에게는 두 변의 길이와 그 사이의 끼인각을 알려줘 삼각형을 그리도록 했고 경인이에게는 그 조건 말고도 다른 변의 길이도 함께 알려주는 것이지요. 다행히 저의 깨달음과 노력은 바로 효과가 있었습니다. 경인이가 수학 공부를 할 때 '접바둑'의 힘이 발휘된 것이죠. 다른 친구보다 한 가지 조건을 알고 있는 상태에서는 경인이도 문제를 잘 해결했고 다음 날은 친구들과 같은 조건으로 문제를 제시했는데도 삼각형을 잘 그렸습니다. 단계적으로 수학 실력이 향상된 것이죠.

바둑에서 '접바둑'은 전혀 불공평한 규칙이 아닙니다. 실력 차이가 있는데도 똑같은 조건에서 '호선' 바둑을 두는 것이 오히려 불공평한 것이 되지요. 교육도 마찬가지입니다. 학습자의 수준을 알고 있음에도 그 수준에 맞추어주지 않는 것은 불공평한 일입니다.

선생님의 역할은 학습자의 수준을 파악해 수업 내용을 조절하는 것이며 이것은 바둑에서의 '접바둑'과 같은 이치입니다. 우리는 지금까지 상대방의 경험과 역량을 고려하지 않은 불공평한 규칙을 가지고 일을 진행해온 건 아닌지 되돌아보는 시간을 가질 필요가 있습니다.

몇 년 전부터 특수학교의 건립·확장 문제가 사회적 이슈로 떠오르곤 합니다. 일반 학생들과는 다른 조건을 가진 특수교육 대상자 아동들에게는 그에 맞는 조건을 충족시켜주는 것이 실질적 평등일 것입니다. 이 문제 또한 '접바둑'의 이치에 따라 양보하고 배려하는 자세에서 논의가 이루어지면 좋겠습니다.

# 4

# 5학년 제자와
# 타로 상담,
# 이렇게
# 놀라운 일이?

"선생님! 어제 종민이가 또 일 쳤어요! 결국은 재호네 집까지 쫓아가서 소리 지르고 욕하고 그랬대요."

몇 년 전 12월 어느 날 아침, 출근해서 교실에 들어가니 아이들이 쪼르륵 달려 나와 어제 생긴 일을 이실직고합니다. 들을 때마다 아찔한 초등학교 5학년 우리 반 남학생들의 다툰 이야기입니다.

학교에서 다투면 제가 어떻게든 말리고 혼쭐을 내주지만 방과 후 시간에 집까지 쫓아가서 싸우고 오니 야밤에 우리 학교 동네 순찰을 할 수도 없는 일이고 참 난감했습니다.

## : '화'가 많은 아이 종민이

종민이는 감정 기복이 심한 편입니다. 잘 웃고 놀다가도 뭔가 본인 기분에 거슬리면 격한 분노를 표출합니다. 어제도 그랬습니다. 체육 시간에 함께한 피구가 화근이었습니다. 홀수 팀과 짝수 팀을 나눠 3전 2선 승제 게임으로 피구를 했는데요. 1:1 상황에서 최종 3라운드를 맞이했습니다. 홀수 팀과 짝수 팀의 내야에는 단 한 명씩 남았는데 그게 하필 종민이와 재호였습니다.

우리 반 대표 장난꾸러기 재호의 피구 게임 주특기는 '메롱 하면서 공 피하기'입니다. 그 주특기는 어김없이 이번 피구 게임에서도 등장하고 말았습니다. 종민이가 던진 공을 재호가 '메롱' 하면서 피했고 결국 종민이가 아웃당하면서 게임이 끝났습니다. 수업 끝을 알리고 함께 교실에 가려는데 저쪽 멀리서 씩씩거리는 소리가 들려옵니다. 종민이였습니다. 많이 억울해 보였습니다.

"재호, 저 자식! 진짜 오늘은 못 참아! 내가 피구 할 때 그거 하지 말랬지?"

종민이가 폭발했습니다. 저는 분노를 삭이지 못하는 종민이를 크게 꾸짖었습니다.

"종민아! 게임에서 졌다고 친구에게 그렇게 화를 내면 어떡하니? 너 앞으로 또 그러면 다시는 피구 안 시킨다!"

교육학에서는 벌보다는 강화(칭찬)가 교육적 효과가 뛰어나다고 하지만 실제 현장에서는 자꾸만 원하는 것을 못 하게 하는 '벌'로 아이들을 대하게 됩니다. 아마도 이 꾸짖음이 종민이를 더 자극했는지도 모르겠습니다. 종례 시간이 지나고 집에 갈 때까지 화를 삭이지 못하더니 결국은 재호의 집까지 찾아갔던 것입니다.

그날 밤 집에 가서 종민이와 어떻게 대화해 나갈지 한참을 고민했습니다. 사실 3월 학기 초부터 한 해가 저물어 가는 12월까지 종민이의 가슴 속에 있는 '화'를 다독여주기 위해 정말 다양한 방법을 시도해봤습니다.

크게 혼도 내보고 따뜻하게 위로도 하고 개인 상담도 여러 번 시도해보았습니다. 하지만 종민이는 저에게 마음을 열려고 하지 않았고 자신의 이야기를 제대로 한 적이 없습니다. 시간이 흐를수록 저 또한 이런 종민이에게 지쳐갈 수밖에 없었습니다.

하지만 그렇다고 포기할 순 없었습니다. 이제 얼마 후면 학년이 끝나고 종민이가 6학년이 될 것이고 1년이 더 지나면 중학생이 될 것입니다. 종민이를 또 이렇게 그냥 보낸다면 분노를 조절하지 못하는 습관이 남아서 본인도 힘들고 친구들을 괴롭히는 일이 똑같이 반복될 것입니다. 그러면 6학년 선생님과 친구들 모두 힘들어지고 종민이 본인이 가장 어려운 학교생활을 할 것이 뻔한 것이죠.

제가 함께 있는 올해에 조금이라도 종민이 가슴에 있는 화가 사그라지길 바랐습니다. 저는 지난 방학에 '타로 카드와 심리상담'이라는 연수를 들으면서 타로 카드로 학생들을 상담하는 방법을 배웠는데요. 그 방법을 이용해서 종민이와 상담해보기로 했습니다.

"종민아, 학교 끝나고 선생님이랑 10분만 대화하고 갈 수 있겠니? 선생님이 종민이 미래에 대해서 타로 점 봐줄게."

"네? 선생님 방학 때 했다고 말했던 그거요? 재밌겠다. 알겠어요."


## : '타로'로 종민이의 마음을 열다

종민이와 상담실에서 가볍게 대화를 나누고 본격적으로 타로 상담을 시작했습니다. 역시 상담을 시작할 때는 사탕이나 초콜릿이 최고입니다. 마음을 부드럽게 해주거든요. 종민이는 초콜릿을 먹더니 한결 편안한 표정으로 타로 카드를 보기 시작했습니다. 타로 점을 보는 방법은 매우 다양하지만 가장 간단하게 지금까지 나의 모습과 미래의 나의 모습을 알아보는 두 장 뽑기 방법을 사용했습니다.

저는 종민이가 어떤 카드를 뽑을지 당연히 알 수 없었습니다. 그래서 어떤 카드를 뽑든 종민이가 왜 화를 자주 내는지 알 수 있도록, 종민이의 미래를 긍정적으로 해석할 수 있도록 모든 타로 카드를 보며 열심히 준비했습니다.

"종민아, 타로 카드 중에 마음에 드는 것을 두 장 뽑아봐. 제일 먼저 뽑는 게 과거와 현재의 종민이 마음이고 두 번째로 뽑는 건 앞으로의 종민이 모습이야."

종민이는 아무 말 없이 두 장의 카드를 뽑아서 펼쳤습니다. 첫 번째 카드는 '지팡이의 7' 카드였습니다. 이 카드는 지팡이를 든 사람이 여섯 개의 지팡이와 싸우는 그림인데요. 종민이가 왜 화를 자주 내는지 물어보기에 아주 적합한 카드였습니다. 저는 종민이에게 물었습니다.

"종민이가 옛날에 다른 사람들이랑 힘들게 싸운 적이 있나 보네? 그런 적이 많았어?"

"우와 신기하다! 맞아요. 작년에 은호 때문에 맨날 싸웠고요. 집에선 엄마와도 맨날 싸웠어요."

종민이의 대답에 저는 다시 한 번 놀랄 수밖에 없었습니다. 친구와 싸운 뒤에 아무리 다그치고 왜 싸웠는지 물어도 대답도 안 하던 아이가 본인의 얘기를 이렇게 자연스럽게 했으니까요.

"엄마는 제가 잘못할 때마다 아빠한테 바로 얘기해서 맨날 혼났어요. 그게 짜증이 나서 엄마한테 얘기했는데도 계속 그래서 싸울 수밖에 없었어요. 또 요즘에는 재호가 장난칠 때마다 하지 말라고 하는데도 자꾸만 무시해서 싸운 거예요."

저의 아주 짤막한 질문에도 종민이는 카드를 만지작거리며 대답을 술술 이어나갔고 종민이가 내는 '화'의 실체도 조금씩 이해할 수 있었습니다. 종민이가 화를 내는 근본적인 원인은 종민이와 부모님의 관계 때문이었습니다.

종민이의 어머니는 화를 내는 종민이를 감당할 수 있는 건 아버지뿐이라고 생각했나 봐요. 그래서 어머니는 아버지에게 종민이가 잘못할 때마다 그것을 얘기했고 평소 회사 생활로 바쁜 종민이의 아버지는 회사에서 돌아와 어머니의 말을 듣고는 종민이를 힘으로 다스리는 경우가 허다했던 것입니다. 아버지에게 혼이 난 종민이는 다시금 '화'가 생겨나고 그걸 어머니나 친구에게 표출하는 악순환이 종민이가 화를 내는 씨앗이었던 것입니다.

"종민이가 그런 일이 있었구나. 그럼 종민이 엄마가 아빠에게 종민이 잘못을 바로 얘기 안 하고 엄마가 종민이 얘기를 천천히 잘 들어주시면 종민이는 엄마한테 화 안 내고 훨씬 잘 지낼 수 있는 거야?"

"네, 당연하죠. 정말 그랬으면 좋겠어요."

"좋아, 알았어. 그럼 미래의 종민이는 어떤 모습인지 봐볼까?"

하늘이 도왔던 것일까요? 종민이가 뽑은 두 번째 카드는 타로 중에서 정말 좋기로 손가락에 꼽히는 '능력자' 카드였습니다. 능력자 카드는 타로 카드 중에서도 메이저 카드입니다. 그만큼 인생에서 중요한 의미를 주는 카드입니다.

"이야! 종민아! 가장 좋은 카드야. 아래에 쓰여 있는 영어는 마법사라는 뜻이고 이 카드를 능력자 카드라고 불러. 종민이가 세상을 밝게 비출 마법 같은 능력이 있는 거야!"

"진짜요? 저 원래 잘하는 거 많아요. 사람들이 저를 무시해서 몰라서 그렇지. 이거 믿어도 되는 거예요?"

"그럼, 당연하지. 종민이가 직접 뽑은 거잖아. 이 지팡이 여섯 개랑 잘 싸워 이겨서 능력자가 되나 봐. 그런데 이 카드를 잘 봐봐. 주변에 꽃들이 많지? 이건 종민이 주변에서 종민이를 아끼는 사람들이야. 활짝 피어 있는 걸 보면 종민이가 다른 사람들과 아주 잘 지내고 싸우지 않는가 보다. 이제 종민이가 친구와도 안 싸우고 부모님과도 행복하게 잘 지낼 건가 봐."

종민이가 능력자 카드를 뽑으면서 상담 시간은 웃음으로 가득했고 시계를 보니 벌써 30분이 훌쩍 지나 있었습니다. 항상 침묵으로 일관해서 5분 안에 끝나던 상담 시간이 타로 카드 상담을 하면서 정말 길어진 것이죠. 상담을 마치고 바로 종민이 어머님께 전화를 드려서 종민이를 다독여주길 부탁드렸습니다. 종민이의 '화'를 풀어줄 사람은 학교에 있는 선생님과 친구들도 있지만 어머니의 역할이 절대적으로 필요하다고 느꼈기 때문입니다.

종민이는 부모님께서 평소에는 자신에게 관심도 안 보이다가 혼날 일이 생기면 꾸짖는다고 생각했어요. 그리고 학교 친구들과 선생님은 자기 말을 무시하기만 하는, 호감이 가지 않는 사람들로 느끼고 있었죠. 결론적으로 종민이에게 지금 필요한 건 집에서는 엄마, 아빠의 따뜻한 말 한마디와 관심이었고 학교에서는 선생님과 친구들의 사랑과 존중이었던 것입니다.

타로 상담의 효과였을까요? 종민이는 서서히 변화하기 시작했습니다. 5학년을 마치기까지 한 달 정도의 시간 동안 친구들과 큰 다툼 없이 학교생활을 했습니다(물론 재호와 친하게 지낸 것은 아닙니다). 또 낙서장이나 다름없던 수학책을 이제는 본래 목적인 수학 공부를 위해 사용하기 시작했고 저의 칭찬을 받기 위해 방과 후에 남아 모르는 수학 문제를 일부러 물어보기도 했습니다. 저는 그런 종민이가 귀여웠고 상담의 효과가 조금씩 나온다는 생각에 뿌듯했습니다.

이후로 어린이들과 상담할 때 타로 카드를 참 많이 활용합니다. 타로 카드의 그림을 보면 어린이들도 어느 정도 이해할 수 있게 묘사되어 있어요. 그리고 자신이 직접 카드를 뽑기 때문에 카드의 해석을 잘 믿게 됩니다. 저는 그것을 아이들 고민과 생활에 연관 지어서 긍정적으로 읽어주면 되는 것이죠.

타로 카드 상담에서 안 좋은 카드를 뽑게 되면 그런 행동을 하지 않기 위해 노력하면 되는 것이고 좋은 카드를 뽑으면 긍정적인 결과를 위해 실천하면 됩니다. 즉 내 미래가 불행할지 행복할지 점을 보는 것이 아니라 좀 더 나은 나의 모습을 위해 어떤 노력을 해야 하는지 알아보는 게 목적이죠.

카드를 활용한 상담은 아이들에게는 흔한 것이 아니라서 흥미를 느낍니다. 몇 년 전에 만난 여학생은 '선택적 함구증'이 있었는데요. 즉 자기가 원하는 사람과 원하는 장소에 있을 때만 말을 했어요. 학교라는 장소에서는 전혀 말을 하지 않았죠. 그래서 저에게 할 말이 있으면 쪽지로 의사를 전달하곤 했죠.

그런데 친구 문제로 상담할 일이 생겨서 타로 카드 상담을 했더니 놀라운 일이 벌어졌어요. 갑자기 카드를 보면서 저에게 질문하기 시작한 것이죠.

"어머, 선생님. 저 진짜 이 카드처럼 되는 건가요?"

평소였으면 쪽지로 물어봤을 텐데요. 참 신비롭죠? 걱정했던 제자가 긍정적으로 변화하는 모습을 보는 것은 선생님으로서 느끼는 가장 큰 보람입니다. 종민이가 타로 카드에서 뽑은 것처럼 지금처럼 건강하고 밝게 자라 세상을 밝게 비출 능력자가 되기를 항상 응원합니다.

# 5

# 선생님이
# 너를
# '종천'이라고
# 부를게

집에 아기와 단둘이 있는데 갑자기 집안이 조용해지면 왠지 불안해
집니다. 아기가 어디 갔나 찾아보니 많은 책과 학교 물품이 모여 있는
끝방에 들어가 있더군요. 뭐가 그렇게 재밌는지 한참 동안 집중해서
작은 종이를 꼬깃꼬깃 접고 있는 것입니다. 자세히 들여다보니 제자가
몇 년 전에 색종이로 접어서 선물해준 종이 거북이였습니다. 얼마나
신경을 썼는지 세 종류의 색종이를 이용했고 풀로 종이들을 붙인 자국
과 가위로 섬세하게 거북이 모양을 다듬은 흔적을 보니 새삼 자타공인
'종천(종이접기 천재)'으로 불리던 제자 준우가 떠오릅니다.

## : 친구들 앞에서 말하는 걸 쑥스러워하던 준우

초등학교 고학년 남학생들은 보통 매우 활발한 신체활동을 선호하는 경향이 있습니다. 그러다 보니 성격이 적극적이고 힘이 넘치지만 다소 집중력이 부족하거나 소근육을 활용한 섬세한 조작 활동에는 흥미를 느끼지 못하는 성향도 찾아볼 수 있습니다.

그런데 5학년인 준우의 첫 이미지는 제가 알고 있는 초등학교 고학년 남학생들의 그것과는 확실히 달랐습니다. 정말 점잖고 섬세한 것에서 강점을 보이는 차분한 아이였죠. 수업 시간에도 조용히 책을 보고 쉬는 시간에는 집중해서 종이접기를 하곤 했습니다. 준우는 그런 자신만의 색깔을 가지고 있었지만 다소 내성적이고 친구들 앞에서 말할 때 긴장을 많이 하는 어려움도 겪고 있었죠.

준우는 수업 시간에 공개적으로 친구들 앞에서 발표해야 할 순서가 되어 교단 앞에 나오면 긴장하는 모습이 역력했습니다. 발표하는 내용이나 작품이 매우 훌륭함에도 수줍은 성격 때문에 말을 더듬거나 중요한 내용을 빠뜨려서 제대로 표현하지 못할 때가 많았어요. 그런 일이 자꾸 반복되다 보니 자신감도 떨어지고 반 친구들과 교사인 저 역시 함께 안타까워할 수밖에 없었습니다.

준우처럼 수줍음이 많은 아이 중에는 친구에게 말하는 것보다 선생님에게 말하는 것을 더 편안하게 느끼는 일이 많습니다. 물론 교사와 학생 간에 신뢰감이 조성되고 공감대가 형성될 수 있는 시간이 필요하죠. 다행히 준우와 저는 학급에서 생활하면서 라포가 잘 형성되었고 서로의 일상에 대해 편안하게 이야기할 수 있는 관계였습니다. 그러다 보니 준우는 저를 친구보다 더 가까운 말동무로 생각했죠.

몇 달 동안 준우와 함께 시간을 보내면서 목표가 하나 생겼습니다. 준우가 다음 학년으로 올라갈 때까지 본인이 잘하는 것을 표현할 수 있는 자신감을 느끼게 하고 싶었습니다. 어느 날 준우가 저에게 와서 말했습니다.

"선생님, 제가 잘하는 게 뭔지 물어봐 주세요."

선생님에게 자신을 표현하고 싶은 아이들의 특징이죠. 선생님에게 질문을 유도합니다.

"그래, 준우야. 네가 잘하는 건 뭐야?"

"그건 바로 종이접기예요. 저한테 별명 하나만 만들어 주시겠어요?"

"선생님이 봤을 때 준우는 종이접기를 천재적으로 잘해. 선생님은 몇 시간 동안 노력해도 못 하는 걸 준우는 금방 했잖아. 그럼 종이접기 천재! 줄여서 '종천' 어때?"

준우는 처음에는 그 별명이 유치하다며 웃었지만 기분이 썩 좋았나 봅니다. 친한 친구한테도 이야기하고 집에 가서도 부모님께 신나게 자신을 '종천'으로 어필한 것입니다. 왠지 이런 준우의 고무된 기분을 잘만 맞춘다면 자신감을 키워줄 수 있을 것 같았습니다. 저는 준우를 불러서 한 가지 활동을 제안했습니다.

"준우야, 다음 주 창의적 체험활동 시간에 우리 반 종이접기 수업을 하려고 하거든. 준우가 이 책에서 제일 좋아하는 거를 골라서 아이들을 직접 가르쳐 보는 건 어때? 실물화상기가 있으니까 여기다가 접는 걸 보여주는 거야."

그해 학급 특색 활동 중 하나가 창의적 체험활동 시간에 진행한 '일일 선생님' 활동이었습니다. 교사의 재량으로 수업 구성이 가능한 창의적 체험활동 시간에 아이들 본인이 '일일 선생님'이 되어 잘하는 것을 직접 가르쳐 보는 경험을 함으로써 다양한 교육적 효과를 기를 수 있었습니다.

여태껏 준우는 일일 선생님은 상상도 해보지 않을 정도로 전혀 관심이 없었습니다. 준우는 저의 제안에 고민이 되었는지 바로 대답하지는 못했습니다. 어찌 보면 당연하죠. 하지만 다음 날 아침 준우는 아주 밝은 얼굴로 종이 거북이를 아이들에게 가르쳐주고 싶다고 인사 대신 말했습니다.


## : 학생의 장점을 발견하고 격려해주기

드디어 준우의 일일 선생님 수업 날 아침이 밝았습니다. 준우는 얼마나 열심히 준비했는지 입으로 하고 싶은 말을 중얼거리기도 하고 수업 시작 전까지도 열심히 종이접기 책을 들여다보곤 했습니다. 선생님으로 치면 처음으로 공개수업을 하는 기분이었겠죠. 수업이 시작되고 준우는 차분히 실물화상기를 이용해 친구들 앞에서 종이접기 수업을 시작했습니다. 종이접기를 하면서 중간, 중간에 힘들어하는 아이가 있는지 확인하고 그 친구들에게 다가가 방법을 알려주기도 하는 여유를 보였습니다. 아이들은 본인들끼리 속닥거렸습니다.

"야, 준우 말 잘한다."

"뭐냐, 다른 애 같아! 종이접기 진짜 잘한다."

준우는 긴장하긴 했지만 선생님인 제가 봐도 놀랄 정도로 자신감 있게 종이를 접고 자신의 노하우를 적극적으로 표현했습니다. 물론 종이접기의 특성상 아이들의 속도 차이가 크고 쉽게 포기하고 집중하지 않는 친구들이 생기면서 준우의 분노가 폭발하는 아슬아슬한 순간도 있었습니다. 하지만 끝까지 한 단계씩 밟아 자신의 수업을 마치는 준우의 모습은 정말 인상적이었습니다.

수업이 끝난 후 진이 빠졌는지 준우의 볼이 새빨개졌습니다. 땀도 많이 흘렸지만 표정은 꽤 편안하고 행복해 보이기까지 했습니다.

"준우야, 오늘 수업해보니 어땠어?"

"선생님! 저 오늘 '종천' 같았어요? 제 말을 안 듣거나 못하는 친구들이 있어서 좀 그랬는데 그래도 재밌었어요."

그날 이후로 준우의 내성적인 태도가 갑작스레 바뀌지는 않았지만 조금씩 발표할 때 긴장이 줄었고 적극적으로 본인의 생각을 표현하기 시작했습니다. 다리를 떨거나 말을 더듬는 습관도 많이 없어졌고요.

또 2학기가 되어서는 자신이 퀴즈를 만들어서 아이들에게 풀게 하고 싶다고 먼저 저에게 제안했습니다. 또 한 번 일일 선생님이 된 것이죠. 준우에게 필요한 건 자신이 좋아하고 잘하는 걸 표현할 기회였던 것입니다.

아이들이 잘하는 것을 발견하여 칭찬하고 격려할 줄 아는 것은 교육자가 반드시 갖추어야 할 중요한 덕목입니다. 또 이러한 자신의 노력으로 학생이 점진적으로 변화하는 것을 지켜보는 것은 교사의 가장 큰 보람이기도 합니다. 중학생이 되었을 준우가 어떤 아이로 성장했을지 궁금합니다.

# 6
## '방구석 여포'가 뭐야?

"야! 너 완전 방구석 여포 같아!"

초등학교 5학년 교실의 점심시간에 앙칼진 여학생의 꾸짖음이 들려옵니다. 자세히 들어보니 짝꿍인 남학생의 잘못을 지적해주고 있었는데요. '방구석 여포'라는 말이 낯설게 느껴져 귀담아듣게 되었습니다.

이야기를 자세히 들어보니 평소 학교에서는 조용하고 부드러운 성품을 가진 남학생이 집에만 가면 엄마와 동생에게 그렇게 화를 많이 낸다고 하는군요. 그래서 짝꿍인 소영이가 가족에게 잘하라며 애정 어린 충고를 해주고 있는 것이었습니다. 저는 방과 후에 소영이를 불러

잠시 '방구석 여포'에 대해 이야기를 나누었습니다.

"소영아, 아까 '방구석 여포'라는 말을 쓰던데, 혹시 '여포'가 누구인지 알아?"

"그냥 조금 알아요. 싸움은 진짜 잘하는 데 무식하고 못된 삼국지 게임 캐릭터잖아요."

'여포가 그런 면만 있는 것은 아닌데….' 저는 어린 시절부터 삼국지를 정말 좋아했습니다. 소설과 드라마, 영화, 게임을 모두 섭렵했죠. 그래서 저에게는 삼국지의 인물인 여포가 우리 반 아이들 사이에서 대화의 소재가 된다는 것 자체가 반갑기도 했지만 한편으로는 아이들이 여포에 대해 잘못된 이미지를 갖게 된 것이 조금 안타까웠습니다.

몇 년 전부터 '방구석 여포'라는 말을 자주 사용하곤 하죠. 이 용어는 인터넷 게시판에서 자주 쓰이는 표현입니다. 이 표현에서 '방구석'은 자신의 집이나 가정 혹은 인터넷 공간을 의미합니다. '여포'는 소설 「삼국지연의」에 등장하는 최강의 무인입니다.

즉 '방구석 여포'는 '집 밖 또는 오프라인 공간에서는 평범하거나 소심한 사람이 자기 집 또는 인터넷 공간에서만 여포처럼 험악하게 구는 사람'을 말합니다. 이 표현에서 '여포'는 싸움만 잘하는 일자무식의 이미지를 풍깁니다. 그렇다면 정말 여포는 남의 말은 듣지도 않고 폭력적이기만 한 배울 점이 전혀 없는 인물일까요?

## : 내러티브를 통한 수업은 아이들을 즐겁게 한다.

저는 내러티브를 활용한 수업을 자주 합니다. 내러티브의 교육적 효과는 수없이 많지만 그중 딱 두 가지의 효과를 뽑으라면 하나는 아이들에게 흥미를 줄 수 있다는 점과 다른 하나는 이야기를 통해 학습 내용을 훨씬 잘 기억할 수 있다는 점을 들 수 있습니다.

특히 삼국지 이야기에는 개성이 넘치는 수만 명의 인물이 등장하고 전쟁, 사랑, 우정, 용서, 신뢰 등 다양한 삶과 가치관이 들어 있어서 수업 주제에 맞는 이야기를 잘 선택하여 아이들 수준에 맞게 바꾸면 좋은 수업 자료가 될 수 있는 것이죠.

'방구석 여포' 이야기를 들은 이후, 여포라는 인물에 대한 약간의 오해를 풀어주고 싶은 마음이 생겼습니다. 고민하던 터에 여포의 좋은 점을 알려줄 수 있는 이야기를 수업에서 소개해야겠다고 마음먹었습니다.

'감정을 잘 조절해 보아요'라는 주제의 도덕 수업 시간이었습니다. 이 수업에서는 '감정을 잘 조절하지 못했을 때 싸움이 일어난다', '누구나 싸울 수 있지만 화해하는 것이 더 중요하다'라는 것이 핵심 내용이었습니다. 저는 화해의 중요성을 설명할 때 '갈등 조정자' 역할을 했던 여포의 이야기를 소개했습니다.


## : 유비와 기령의 싸움을 말렸던 갈등 조정자 여포

여포는 동탁을 살해한 이후, 방랑자의 길을 걸었습니다. 그때 손을 내밀었던 게 유비였죠. 갈 곳 없던 여포를 작은 성에 머물게 해주고 극진히 대접했습니다. 여포는 유비를 자신에게 가장 인간의 정을 느끼게 해준 사람이라고 말하곤 했습니다.

그러던 어느 날, 여포가 유비에게 진 빚을 갚을 기회가 생겼습니다. 원술군과 유비군이 여러 번 싸웠는데 유비군이 힘없이 대패하게 되었던 것이지요. 그러자 원술군은 유비군을 완전히 사로잡기 위해 장군 기령을 보내게 됩니다. 전쟁이 시작되기 직전이었습니다.

여포는 유비와 기령을 각각 불러 화해를 제의합니다. 당연히 아무 이유 없이 화해할 리 없었습니다. 그러자 여포는 백 걸음 뒤에 자신의 방천화극을 놓고 자신이 활을 쏴서 무기의 끝 창살을 맞추면 화해하면 어떻겠냐고 제의하게 됩니다. 기령은 설마 하는 마음으로 제의를 받아들입니다. 정말 활쏘기를 신처럼 잘하는 신궁 여포는 창살을 맞추는데 성공합니다. 약속을 목숨보다 귀하게 여기는 유비와 기령은 결국 화해하게 되죠. 물론 여포가 갈등 조정자 역할을 해낸 이후에도 많은 흉악한 일을 벌이고 신의를 저버리는 행동을 많이 하곤 했습니다. 하지만 여포가 항상 힘만 세고 무식하며 나쁜 행동만 하는 사람이 아니었다는 것을 이 이야기를 통해 알 수 있습니다.

이 이야기를 통해 아이들에게 두 가지를 알려주고 싶었습니다. 첫째, 인물을 바라볼 때는 다양한 관점에서 바라봐야 한다는 것입니다. 역사 속 인물이든 옆에 있는 친구든 간에 우리는 우리가 알고 있는 몇 개의 이야기를 통해 그 사람을 판단하기가 쉽습니다. 편견을 갖지 않고 타인을 바라보는 태도를 가르치고 싶었습니다.

둘째, 자신이 잘하는 것이 무엇인지 생각해 보길 바랐습니다. 여포는 자신이 활쏘기 실력이 빼어나다는 것을 알고 있었고 그 장점을 활용해 갈등 조정자 역할을 해냈습니다. 학교에서 자신감이 부족한 아이들과 대화해보면 잘하는 게 없는 것이 아니라 잘하는 것을 찾기 위해 노력하지 않은 경우가 대부분입니다. 이 이야기를 통해 스스로 자신이 잘하는 게 무엇인지 찾아보길 원했습니다.

수업을 마치고 주말이 지나 월요일 아침이 되었습니다. 저는 월요일 아침에는 아이들이 주말 동안 있었던 일을 친구들과 나누는 시간을 갖는데요. 평소 수줌음이 많던 영석이가 주말에 있었던 일을 활짝 웃으며 말했습니다.

"선생님! 저희 부모님이 토요일에 싸우셨는데 제가 화해시켜드렸어요. 제가 공기를 잘하잖아요. 부모님께 제가 공기로 한 번에 30살까지 가면 화해하라고 했거든요. 바로 성공했더니 엄마, 아빠가 저 보고 잘한다면서 웃고 화해했어요."

우리 반 교실은 영석이의 이야기에 한바탕 웃음바다가 되었습니다. 수업 시간에 들려주었던 여포 이야기를 곰곰이 생각하고 실천까지 한 영석이가 참 기특했습니다. 우리 어린이들이 '방구석 여포'가 아니라 '갈등 조정자 여포'가 되어보도록 제가 소개해드린 이야기를 들려주는 건 어떨까요?

# 7

# '1등 한 다음, 놀러 올게요'라고 말하는 제자에게

오랜만에 제자에게 안부 문자를 한 통 받았습니다. 초임 교사 시절 가르쳤던 제자인데 벌써 시간이 많이 흘러 중학교 3학년이 되었답니다. 이제 고등학교 입시를 준비한다고 하는데 그 착하고 애교 많았던 제자가 어떻게 변했는지 참 궁금했습니다.

"연우야, 잘 지내고 있는 거지? 나중에 주말이나 방학이 되면 선생님이랑 꼭 한번 만나자!"

"선생님! 저도 선생님 보고 싶어요. 그런데 제가 요즘 공부 열심히 하고 있는데요. 아직 조금 부족해요. 꼭 이번 시험에 1등 해서 선생님 찾아갈게요!"

제자의 대답은 뜻밖이었습니다. 몇 년 전 초등학교 교실에서 저와 공기놀이를 함께하고 친구들과 매일 오후 피구를 하며 밝게 웃던 제자가 꼭 1등을 해서 저를 만나러 오겠다니… 참 씁쓸했습니다. 반대로 생각하면 1등 못 하면 저를 찾아오지 않겠다는 것이니까요.

아마 중간고사 기간이 얼마 남지 않은 시기이기도 하고 좋은 고등학교에 들어가야 하는 심리적 압박감에서 나온 말이었던 것 같아요. 물론 1등을 하는 것이 나쁜 것은 아닙니다. 당연히 개인에겐 정말 좋은 일이죠. 하지만 왜 꼭 1등이어야만 하는 걸까요? 우리 사회가 아이들을 이렇게 치열하게 살아야 하는 슬픈 현실로 내몰고 있는 것 같아 안타까운 마음이 들었습니다.

## : 무엇이든 조금씩 부족했던 나의 과거

초등학교 교사인 저도 학창 시절에 한 번도 반 전체에서 1등을 한 경험이 없습니다. 오히려 무엇이든 조금씩 다 부족하기만 했죠. 글씨는 워낙에 악필이라 알림장을 써가도 부모님이 읽기가 힘든 수준이었고(지금도 글씨를 못 써서 칠판 글씨를 쓸 때 민망합니다), 어찌나 책을 잘 잃어버리는지 학기 말이 되면 교과서 중 절반이 없었습니다. 열심히 다른 반에 가서 빌려다 공부하곤 했죠.

그뿐이 아니었어요. 고등학생 때는 집안 사정이 좋지 않아 어쩔 수 없이 동대문에 있는 쇼핑몰 안 음식점에서 배달 아르바이트를 했는데 그때의 제 미숙함은 떠올리기만 해도 얼굴이 붉어질 정도입니다. 당시 음식점의 대표 메뉴는 '순대볶음'이었습니다. 둥글고 큰 접시에 담겨 나온 순대볶음을 배달용 철가방에 담아가야 했는데 너무 쟁반이 커서 완전히 들어가지 않았습니다. 절반 정도만 들어가 있는 순대볶음을 들고 다니다가 얼마나 그릇을 쇼핑몰 바닥에 많이 떨어뜨렸는지 셀 수가 없습니다. 그만큼 조심성이 부족했던 것이죠.

또 20살이 되던 해 겨울에는 시장의 상점에 등유를 배달하는 아르바이트를 잠시 했는데요. 평소에 힘이 그리 센 편이 아니고 사회생활에도 미숙했던 저는 일을 시작한 지 4일 만에 팔이 너무 아파서 일방적으로 일을 그만두겠다고 하는 바람에 사장님에게 혼이 난 기억도 있습니다.


## ∷ 모두 잘할 필요는 없어, 좋아하는 것을 하면 돼!

하지만 저의 그 미숙하기만 했던 일상생활에 희망을 주는 존재들이 있었습니다. 아마 제가 지금 부족하지만 초등학교에서 아이들을 가르치고 있는 것도 이때의 깨달음 때문일 것입니다.

고등학교 3학년 때의 일입니다. 아르바이트를 했던 식당 사장님이 식당을 그만두고 제가 살던 동네 주변에 라이브 카페를 열었습니다. 그래서 저는 어린 나이에 실직을 경험하게 되었습니다. 하지만 죽으라는 법은 없는 거겠죠? 미숙하지만 저에게 사장님은 라이브 카페에서 홀 서빙 아르바이트를 할 수 있게 도움을 주셨습니다. 그래도 제가 성실하다고 생각한 것이죠. 일을 시작한 지 한 달도 채 되지 않은 어느 날 사장님이 갑자기 분주해지셨습니다.

"현진아, 오늘 노래 부르러 오기로 한 가수가 갑자기 못 온단다. 큰 일이다, 야."

그때 저는 갑자기 어디선가 자신감이 솟구쳤습니다. 지금도 제가 왜 그랬는지는 모르겠어요.

"사장님, 무슨 노래를 불러야 하죠? 저 옛날 노래 많이 알아요. 제가 불러 볼게요."

그렇게 저는 용기를 냈고 사장님도 제가 노래 부른다고 하니 신기했는지 한번 불러 보라고 힘을 실어주셨습니다. 저는 노래 부르는 것을 매우 좋아하지만 가수처럼 잘하지는 않습니다. 그래도 저를 계속 일하게 해주신 사장님에 대한 보답이랄까? 그런 마음에 용기를 냈습니다.

결국 저는 그렇게 많은 사람은 아니지만 10명 남짓의 관객들 앞에서 처음으로 노래를 불렀습니다. 노래는 이문세의 '사랑이 지나가면'과 김장훈의 '세상이 그대를 속일지라도'였습니다. 어릴 적부터 라디오에서 즐겨 듣던 노래, 밤에 잠이 오지 않을 때 틀어놓고 자던 노래였죠. 이 두 노래는 지금도 저의 소중한 노래입니다. 특히 김장훈의 '세상이 그대를 속일지라도'는 6학년 아이들을 만나면 졸업 축하 노래로 불러주곤 합니다. 아이들을 항상 응원하겠다는 의미를 담고 있습니다.

노래를 다 부르고 난 후 저는 노래 부른 장면을 기억하지 못했습니다. 그만큼 순식간에 지나갔습니다. 부끄럽기도 하고 시원하기도 한 복합적인 감정이 저를 감쌌습니다. '내가 지금 뭘 한 거지?' 하면서 얼굴이 붉어졌습니다. 노래를 다 듣고 테이블 앞에 있던 아저씨 한 명이 저에게 와서 말을 건넸습니다.

"우와! 젊은 학생 같은데 이런 노래도 부를 줄 아네. 듣기 좋았어요."

"감사합니다. 제가 너무 못 불렀죠? 죄송합니다. 다음에는 더 잘할게요."

"아니요. 지금보다 더 잘 부를 필요는 없어요. 듣기 좋으면 된 거죠. 다음에 또 불러줘요."

저도 모르게 다음에 더 잘하겠다고 의지를 다졌지만 노래를 들은 아저씨는 자기가 듣기 좋으면 됐다며 저를 격려했습니다. 마음이 따뜻해졌습니다. 이 아저씨의 따뜻한 말은 미숙한 저를 부끄러워했던 것, 잘하는 것이 아니면 시도해보려 하지 않았던 마음에 대해서 다시 한번 생각해볼 수 있게 해주었습니다.


## : 사랑하는 제자들아, 꼭 1등이 될 필요는 없단다

그날 이후로 마음에 여유가 생겼습니다. 공부도 크게 열심히 하지 않았는데 꼭 1등일 필요는 없다는 생각으로 골고루 열심히 해서 초등학교 교사 양성 대학에 들어갈 수 있었습니다.

지금도 마찬가지입니다. 글을 잘 쓰는 것은 아니고 많이 부족하지만 재미있게 글을 쓰려고 노력합니다. 글 쓰는 것을 좋아하니까요. 그래서 오마이뉴스에 기사도 쓰고 교육 관련 글도 꾸준하게 썼습니다. 초등학생들을 위한 재미있는 읽기 자료를 만들어서 온라인 플랫폼에 게시도 하고 있지요. 또 저의 가장 좋아하는 취미는 바둑을 두는 것인데 바둑 역시 그렇게 잘하지는 않습니다. 하지만 아직도 바둑책을 들여다보며 누구보다 열심히 취미 생활을 즐기고 있습니다.

그렇다면 저를 일깨워준 노래 실력은요? 그 이후 노래는 저의 마음을 위로해주고 격려해주는 주춧돌이 되었습니다. 노래를 그렇게 잘하지는 않지만 다른 사람들에게 저는 노래를 좋아하고 열심히 부른다고 자화자찬해서 축가도 여러 번 불러주었습니다. 심지어 이번에는 집안일 때문에 나가지 못했지만 지역 축제 노래 대회가 있어서 '벚꽃 엔딩'으로 접수까지 했을 정도였죠.

저에게 안부를 물어온 사랑스러운 제자와 지금도 열심히 자신의 미래를 위해 담금질하고 있을 청소년들을 위해 이 말을 해주고 싶습니다. 조금이나마 힘든 현실에서 위로받기를 바라며.

"사랑하는 나의 제자들아! 그리고 대한민국의 미래인 청소년들아! 세상을 살아가면서 언제나 1등만 할 수는 없단다. 한국 사회가 너희들을 무한 경쟁 사회로 내몰고 있지만 반드시 잘해야만 하고 싶은 일을 하는 것은 아니란다. 자기가 좋아하는 일, 그래도 익숙하고 어려움이 있어도 이겨낼 수 있는 일이 있다면 자신감을 가지고 부딪혀보기 바란다. 어른들은 언제나 너희들을 응원한다!"

# 3부

# 꿈과
# 사랑이
# 가득한
# 교실을
# 만들어요

# 1

# 선생님,
# 여기 보일러에
# 기름 좀
# 넣어주겠어요?

얼마 전에 반가운 전화를 받았습니다.

"선생님, 정말 죄송한데요. 제가 너무 무서운 악몽을 꿨어요. 무서워서 전화했어요."

어느새 중학생이 된 상준이였습니다. TV를 보다가 깜빡 잠이 들었는데 괴한이 쫓아오는 무서운 꿈을 꿔서 저에게 전화한 것입니다. 상준이의 아직 아이 같은 행동이 귀엽게 느껴지기도 했지만 한편으로는 상준이가 중학교에 입학한 이후 제대로 연락 한번 하지 못한 것에 대한 미안한 감정도 함께 들었습니다.

## : 뜬금없이 걸려온 전화… "기름 넣어주러 안 오시나?"

몇 년 전 제가 초등학교 5학년 담임교사를 할 때의 일입니다. 3월 초 어느 날 교실로 전화 한 통이 왔습니다. 수화기 너머 울음 섞인 소리가 들려왔습니다.

"선생님, 올해는 우리 집에 기름 넣어주러 안 오시나? 추워서 잘 수가 없어."

"네? 무슨 말씀이신지 모르겠어요. 어떤 기름 말씀하시는 거죠?"

처음엔 전화가 잘못 걸려왔다고 생각했지만 계속 대화를 나누다 보니 우리 반 상준이 할머니라는 것을 알게 됐습니다. 3월 초라 꽃샘추위가 기승을 부렸는데 보일러에 기름이 다 떨어진 지 며칠 돼서 방이 냉골이 됐다는 이야기였습니다.

작년 겨울에는 어떤 선생님이 오셔서 기름을 넣어주셨는데 올해는 왜 안 넣어주는지 물으시더군요. 전화를 끊고 주민 센터와 구청에 이 일에 대해 수소문해보았습니다. 저는 전년도에 한 번 교회와 복지관이 연계해 소외계층 집에 기름을 넣어주는 사업이 있었다는 걸 알게 되었습니다. 근데 그 사업은 지속적인 것이 아니라 한 해만 시행한 이벤트성 사업이었습니다. 그래서 올해는 그런 사업이 없어진 것이었죠.

할머니의 울음 섞인 목소리에 저도 모르게 함께 눈물이 났습니다. 저의 청소년 시기가 생각났기 때문이지요. 저 역시 청소년 시기에 집안 사정이 매우 안 좋아져 생활 보호 대상자로 몇 년간 힘든 시절을 보내며 여러 사람의 도움을 받은 경험이 있었습니다. 상준이네 일이 남의 일처럼 느껴지지 않았습니다. 전화를 끊고 아내에게 사정을 이야기하고 상준이 집에 도움을 드리기로 했습니다. 아내와 함께 상준이 집에 방문하기로 했죠.

저녁 늦은 시각이라 보일러에 기름을 바로 넣어드릴 수는 없어서 우선 추운 집에서 따뜻하게 주무실 수 있게 집에 있던 전기장판과 따뜻한 솜이불을 챙겼습니다. 또 라면과 즉석 밥, 참치, 김까지 집에 있는 모든 먹을 것을 쓸어 담아 바로 상준이네로 향했습니다. 학교에서 10분 정도 떨어진 도로변, 골목골목을 비집고 들어가 상준이 집을 힘들게 찾을 수 있었습니다. 할머니와 상준이는 저와 제 아내를 따뜻하게 맞이해줬습니다.

할머니가 들려주신 상준이의 이야기는 정말 안타까웠습니다. 어릴 적부터 어머니와 떨어져 살게 되어 연락이 안 된 지 오래고 몇 년 전부터 아버지도 일 때문에 따로 살게 됐다고 합니다. 설상가상으로 할머니도 심한 허리디스크에 시달려 거동이 불편한지라 할머니가 상준이를 돌보는 게 아니라 되레 상준이가 할머니를 간호하고 스스로 밥도 챙겨 먹고 있다는 이야기였습니다.

### : "제일 먹고 싶은 게 뭐야?", "햄버거요!"

할머니에게 상준이를 도울 방법을 알아보겠다고 약속드리고 집을 떠나려던 즈음이었습니다. 우리를 마중하며 활짝 웃는 상준이를 보고 갑자기 상준이에게 소중한 추억 하나를 만들어주고 싶어졌습니다. 상준이에게 물었습니다.

"상준아, 혹시 평소에 제일 먹고 싶은 게 뭐였어? 그리고 가장 하고 싶었던 건?"

"음…. 햄버거 먹고 싶어요! 그리고 선생님이랑 목욕탕에 가보고 싶어요!"

상준이의 목소리는 힘찼습니다. 소박한 희망사항이었지만 지금 당장 가능한 일이라는 것에 너무나 큰 감사함을 느꼈죠. 저와 제 아내, 상준이는 동네의 햄버거 가게에서 함께 햄버거를 먹으며 많은 대화를 나눴습니다.

상준이는 예의 바르고 밝은 아이였습니다. 장소를 옮길 때마다 할머니에게 전화하고 안심시키는 모습에 할머니를 끔찍이 생각하는 상준이의 고운 마음씨를 봤습니다. '참 잘 컸구나!'라는 생각이 절로 들었죠. 햄버거를 다 먹고 저와 상준이는 목욕탕에 가서 서로 등을 밀어주고 저의 어릴 적 꿈과 상준이의 꿈에 관해 이야기를 나눴습니다. 상준이는 축구선수가 되는 것이 꿈이라고 하더군요. 저는 상준이의 꿈을 지켜주고 싶다는 생각이 들었습니다.

그날 이후, 저는 학교와 주민센터, 복지관 등 다양한 경로를 통해 상준이를 도울 수 있는 방법을 찾아봤습니다. 당시 제가 근무하던 학교는 '교육복지 우선 지원 학교'여서 상준이와 같은 경제적 소외계층 어린이들을 지원할 수 있는 예산이 교육청에서 배부되었습니다. 정말 운명인지 그해 제가 학교에서 교육복지 업무를 담당하는 교육복지부장 교사였기 때문에 더 순조롭게 지원 방법을 알아볼 수 있었죠.

교육복지를 위해 사용할 수 있는 예산으로 저는 상준이가 입을 따뜻한 점퍼를 사주고 꿈을 이루기 위해 노력할 수 있도록 축구화와 축구공도 사줄 수 있었습니다. 정말 다행스러운 일이었죠. 또 주민센터와 지역의 복지관에 연락해서 상준이의 딱한 사정을 알리고 상준이를 장학생으로 여러 기관에 추천했습니다. 생각보다 한 어린이의 꿈을 지켜주기 위해 저를 비롯한 지역의 어른들이 할 수 있는 일이 참 많다는 걸 느끼게 됐습니다.

### : 소외계층 청소년에겐 가정-학교-지역사회의 도움이 꼭 필요해요!

벌써 세월이 흘러 상준이가 중학생이 됐습니다. 제가 바쁘다는 핑계로 '이제 중학교에 갔으니 그 학교 선생님들이 신경 많이 써주겠지'라는 생각으로 상준이를 잠시 잊고 살았던 것 같습니다. 이번 겨울방학에 상준이를 집에 초대하기로 했습니다. 중학교 생활은 어떤지, 할머니는 잘 지내는지 상준이에게 듣고 싶은 이야기가 참 많습니다.

주변을 돌아보면 하루하루 힘겹게 살아가는 청소년들이 참 많습니다. 그 친구들의 꿈을 지켜주기 위해서는 가정, 학교, 지역사회가 하나의 고리로 연결돼 함께 책임감을 느끼고 노력해야 합니다.

저는 학교에서 2년간 교육복지 업무를 맡으면서 아이들에게 다양한 지원을 해줬습니다. 가장 먼저 제가 한 일은 힘든 가정환경임에도 생활 보호 대상자로 지정되어 있지 않은 아이들을 발견하는 것이었습니다. 이때는 담임선생님들의 도움이 많이 필요했죠. 한부모 가정이지만 그 사실을 알리고 싶지 않아서 신청을 안 하는 사례도 있었고 조부모와 사는데 조부모께서 복지 제도에 대해 잘 알고 계시지 못해서 신청하지 못하는 가정도 있었습니다. 저와 학교 선생님들이 발견한 복지 가정은 주민센터에 신청해서 복지 혜택을 받을 수 있게 도움을 주었습니다. 정말 이럴 땐 적극적 복지가 필요하다는 생각이 듭니다.

그리고 저는 업무를 할 때 소외계층 아이들의 의식주를 해결해주는 것에 초점을 맞추었습니다. 추운 겨울에 보일러 기름을 넣지 못할 형편에 있는 상준이네 집에는 기름값을 지원해주었고요. 한겨울인데도 두꺼운 점퍼가 아닌 얇은 점퍼를 입고 떨면서 거리를 다니는 형제들에게는 인근 쇼핑몰에 직접 함께 가서 긴 점퍼를 선물해주었습니다.

아이들에게 먹는 것은 정말 중요하죠. 아침과 저녁밥을 잘 챙겨 먹지 못하는 친구들이 생각보다 많았는데요. 아이들을 생각해주는 복지관과 도시락 업체를 찾아 아침과 밤에 아이들 집에 도시락을 배달해주기도 했습니다.

"선생님, 어제 먹은 도시락 진짜 맛있었어요. 제가 좋아하는 치킨덮밥이 왔거든요."

아이들의 행복한 표정을 보면 정말 뿌듯했습니다. 그리고 아이들을 위해 마술 공연과 음악회를 직접 학교 체육관에서 보여줬어요. 요즘 도시와 농촌, 도시 내에서도 경제 사정에 따라 문화 격차가 참 크잖아요. 소외된 어린이들을 위한 공연을 해주고 싶다고 지역의 마술 공연 단체와 음악회 단체에 문의하니 흔쾌히 저렴한 공연비용을 받고 아주 멋진 무대를 열어주었습니다. 그리고 방학 때는 아이들과 스키캠프를 함께 갔고요. 주말에는 서울랜드에 가서 함께 놀이기구를 탔습니다.

저는 교육복지 우선 지원 학교에 또 가게 된다면 위에서 열거한 사례 말고도 정말 아이들을 위해 하고 싶은 일이 참 많습니다. 제가 어릴 적에 하고 싶었던 것을 떠올려 보면 답이 술술 나오더라고요.

교육복지 업무를 맡았던 2015년과 2016년 졸업식 날은 어떤 졸업식보다 걱정이 많았습니다. 6학년 소외계층 아이들이 중학교에 가서 지금처럼 지원을 잘 받을 수 있을지 염려가 되었으니까요. 이제 학교가 달라지면 제가 할 수 있는 것이 없어진다는 것이 슬펐습니다.

저는 초등학교와 중학교, 중학교와 고등학교가 잘 연계돼 소외계층 아이들의 지원이 끊어지지 않게 하는 게 무엇보다 중요하다고 생각합니다. 그러려면 교육청과 현장 교사들이 노력해야 하겠죠. 주변을 조금만 둘러보면 우리 어른들이 아이들을 위해 실천할 수 있는 것들이 많이 있습니다. 노력 하나하나가 상준이처럼 꿈과 사랑이 가득한 아이들에게 큰 힘이 될 것입니다.

# 2

## '수업복기'로
## 좋은
## 수업을
## 만들어요

어느 한 초등학교의 교실, 수업 시간에 몇몇 학생이 잠을 자고 있습니다. 선생님도 포기한 것인지 자는 학생들을 깨우지 않고 수업을 이어갑니다. 교실 맨 뒤에 앉은 학생 둘은 열심히 스마트폰으로 연예 뉴스를 검색하고 있군요. 그 옆의 학생은 열심히 교과서를 보는 줄 알았더니 교과서 속에 작은 만화책을 숨겨 몰래 보고 있습니다.

위의 초등학교 교실 수업 장면은 안타깝게도 현실에서 쉽게 찾아볼 수 있는 모습입니다. 제가 초등학생 때만 하더라도 스마트폰은 아예 존재하지도 않았고 수업 시간에 잠을 자거나 만화책을 몰래 본다는 건

흔히 볼 수 있는 일은 아니었습니다. 시대별로 수업의 모습은 달라지겠지만 세월의 변화로 인해 달라질 수 있는 자연스러운 모습이라고 넘어가기에는 최근의 수업 모습은 걱정스러운 것이 사실입니다.

학교 교육의 성패를 좌우할 만큼 교실에서 가장 중요한 활동은 바로 수업입니다. 수업이 이루어지는 교실은 교사가 학생에게 수업 내용을 전달하는 장소일 뿐만 아니라 교사와 학생 모두 함께 인격적으로 성장하는 삶이 있는 공간이기도 합니다. 그런데 최근의 교육 뉴스를 보면 학생들의 배움이 일어나는 곳은 학교 교실이 아니라 방과 후에 가는 학원이거나 집에서 공부하는 내 방의 책상이라고 말합니다. 분명히 공교육에 종사하는 교사들의 학력 수준이 올라가고 교육 내용에 적합한 수업 기법이 날이 갈수록 발전하고 있음에도 학생들은 수업을 외면하고 있는 것이죠.

다양한 원인이 있겠지만 많은 이는 사교육의 팽창, 한국 입시제도의 폐해 등 사회 구조적인 것에서 이러한 문제들이 발생한다고 설명합니다. 하지만 이런 방향에서만 문제의 원인을 찾게 되면 정작 이 문제의 당사자라고 볼 수 있는 선생님과 학생들은 사회 구조가 바뀌기만을 기다려야 하는 나약한 존재가 되어버립니다. 이 문제를 해결하기 위해 교사와 학생들이 노력할 수 있는 일은 정말 없을까요?

## : '수업 전 준비'에만 몰두하면 '활동만 있고, 내용은 없는 수업'이 될지도 몰라요

저는 초임 교사 시절부터 '좋은 수업'에 대한 고민을 참 많이 했습니다. 아이들과 함께 좋은 수업을 만들어 가기 위해서 내가 할 수 있는 것은 무엇일까 생각하다 내린 결론은 '재미있는 수업을 만들자!'였습니다. '재미있는 수업'을 곧 '좋은 수업'이라고 생각한 것이죠. 그래서 화려한 프레젠테이션 자료를 만들어서 학생들에게 보여주고 학습지에도 아이들이 좋아하는 연예인이나 캐릭터를 넣어 만들어서 작성하게 했습니다. 무엇을 배우든지 빙고 놀이나 스피드 퀴즈 같은 게임으로 학습 내용을 정리하면서 시끌벅적하게 수업을 마무리하곤 했죠.

그런데 교직 경력이 쌓이면서 제 수업에는 정말 큰 문제점이 있다는 걸 깨닫게 되었습니다. 분명히 아이들이 즐거워하고 수업에 집중했지만 수업을 끝내고 나면 남는 것이 없었던 것이지요. 한마디로 활동만 있고 내용은 없는 '빈껍데기 수업'이 되어버린 것입니다. 재미있는 수업이 되도록 준비만 했을 뿐이지, 수업이 끝난 후에 그 수업을 통해 우리 아이들이 학습 목표를 달성했는지 따져 보고 제 수업을 반성한 적은 없었던 것입니다.


## : 바둑의 '복기'를 통해 배우다

바둑에서는 게임이 끝난 후에 당사자들이 반드시 하는 것이 있습니다. 바로 '복기'입니다. 복기는 자신의 대국을 돌아보며 어떤 점이 괜찮았고 어떤 점이 안 좋았는지를 살펴보는 것을 말합니다. 프로 바둑기사들은 바둑을 두기 전에 공부하는 것보다 바둑의 복기를 하는 것이 훨씬 더 실력 향상에 도움이 된다고 말합니다.

바둑에서 복기하는 방식은 크게 세 가지가 있습니다. 첫째, 혼자 하는 복기입니다. 스스로 자신과 상대방의 대국을 하나하나 살피며 반성해보는 것이지요. 수업으로 생각하면 교사 혼자 반성해보는 것이죠. 둘째, 동료들과 하는 복기입니다. 자신의 대국을 관전했던 다른 동료들과 자신의 대국에 대해서 반성해보는 것입니다. 이 방식의 장점은 내가 보지 못했던 것을 볼 수 있다는 점입니다. 동료 교사들과 함께 수업에 관한 이야기를 나누는 것이 이에 해당합니다.

셋째, 대국 상대와 함께하는 복기입니다. 이 방식의 가장 중요한 요소는 대국이 끝나고 바로 한다는 점입니다. 그래야 기억이 더 잘 나기 때문이지요. 바둑을 둔 상대방이 '이때는 이렇게 말고 여기에 뒀다면 어땠을까?' 하면서 자신의 의견을 말하게 됩니다. 그러면 많은 배움을 얻게 되지요. 수업을 함께한 교사와 학생이 서로 수업에 대해 의견을 나누는 것이 이에 해당합니다.

그렇다면 위의 세 가지 방식 중 어떤 방식이 가장 효과적이고 도움이 될까요? 바로 세 번째 대국 상대와 함께하는 복기입니다. 그 바둑에 대해 가장 잘 아는 당사자들이 함께 머리를 맞대기 때문에 가장 많은 점을 배울 수 있는 것입니다.

바둑의 '복기'를 교실의 수업에 비유해 본다면 우리는 많은 교훈을 얻을 수 있습니다. 우리는 지금까지 수업을 열심히 준비해서 좋은 수업계획을 짜는 것에만 몰두하지 않았나 반성해야 합니다. 그로 인해 어쩌면 더 중요한 수업이 끝난 후에 내 수업을 되돌아보는 성찰의 과정을 빼먹고 있었을지도 모르죠.

교사는 자신의 수업을 복기하는 시간을 반드시 가져야 합니다. 수업이 끝난 후 나 혼자 스스로 되돌아보는 복기나 동료 교사들과 서로 수업을 참관하며 함께 이야기를 나누는 복기의 과정도 도움이 되겠지만 수업의 가장 중요한 주체인 학생이 빠져 있기 때문에 근본적인 해결책을 제시하기는 어렵습니다. 교사와 학생 모두 행복하고 즐거운 수업을 만들어 가기 위해서는 교실 속 수업의 주인공들인 교사와 우리 반 학생들이 함께 수업에 관해 대화하는 시간이 필요한 것이지요.

초등학교 5학년 아이들을 가르칠 때의 경험담입니다. '국토개발'에 대해 찬성과 반대를 나누고 토론을 하는 두 시간 분량의 사회 수업이었지요. 반 아이들에게 각자 국토개발에 찬성과 반대 의견을 정하고 그에 대한 근거를 인터넷을 통해 조사하여 학습지에 기록하는 데에 한 시간을 주었습니다. 나머지 한 시간은 첫 시간에 조사한 자료를 바탕으로 전체 토론 수업을 진행했습니다.

수업을 모두 마친 후 저는 학생들과 수업 복기 시간을 가졌지요. 제 질문들은 간단했습니다. 오늘 수업이 도움이 되었다면 어떤 점에서 도움이 되었고 힘들었다면 어떤 점이 힘들었는지, 토론 수업을 다시 한다면 어떤 점을 바꿨으면 좋겠는지 물어보았습니다.

아이들은 처음에는 멋쩍어하며 말을 이어가지 못했지만 한 친구가 말을 시작하자 줄줄이 본인의 생각을 말하기 시작했습니다. 아이들은 제가 미처 생각하지 못했던 다양한 이야기를 해주었습니다. '조사를 혼자 해서 어려웠다', '두 명이 한 조가 되면 좋겠다', '집에서 미리 자료 조사를 하고 토론을 길게 했으면 좋겠다', '인터넷 말고 신문이나 책에서 주장에 대한 근거를 찾고 싶다'처럼 실질적인 수업의 개선점들이었습니다.

수업 복기를 통해 수업의 주인공인 아이들의 눈높이에 대해 배우게 된 것이지요. 아이들과 함께 나눈 생각들을 잘 정리해서 많은 부분을 다음 토론 수업에 반영하였습니다. 수업의 주인공인 학생과 교사가 함께 다음 수업을 디자인한 것이지요. 저는 이 수업에서 아이들이 전보다 훨씬 활기차고 적극적으로 참여하는 모습을 볼 수 있었습니다.

## ∶ 학생들과 함께하는 '수업 복기'가 '좋은 수업'을 만든다!

교육학자 쉔(D. A. Schon)은 교육자의 전문성 향상에 관해 이야기하면서 '행위 중 반성'과 '행위 후 반성'의 개념을 제시했습니다. 교사의 가장 중요한 행위를 수업으로 본다면 '수업 중 반성'과 '수업 후 반성'이 교사의 성장을 돕는다는 것이죠. 이 중 '수업 후 반성'이 '수업 복기'로 볼 수 있습니다.

우리가 교육에 대한 지향점을 이야기할 때 자주 하는 말이 있습니다. '학습자 중심 교육', '자기 주도적 학습', '학습자가 주인공인 수업' 등의 표현들인데요. 저는 이 지향점들이 멀리 있다고 생각하지 않습니다. 수업이 끝난 후 교사와 학생이 함께하는 수업에 관한 대화로 시작해나갈 수 있다고 생각합니다. 학생과 교사가 함께 소통해서 변화해가는 수업, 학습자와 교사가 함께 만드는 수업, 이것이 우리가 꿈꾸는 진정한 '좋은 수업'이 아닐까요? 수업 복기를 통해 학생과 교사 모두 함께 성장해 나가는 교실을 그려봅니다.

# 3

## 학생,
## 학부모,
## 선생님이
## 함께!

요즘 '교육 3주체'라는 용어를 참 많이 사용하는 것 같습니다. 학교를 이끌어가는 주인공이 '학생, 학부모, 선생님'이라는 것이죠. 여기에 학부모가 들어간다는 것에 주목할 필요가 있습니다. 학교에서 하는 일련의 교육 활동이 어린이에게 진정한 배움으로 다가가려면 학생과 교사 이외에도 학부모의 역할이 중요합니다. 저는 그런 점에서 참 운이 좋은 선생님인 것 같습니다. 교육 3주체가 함께 어우러진 좋은 경험이 많으니까요.

## : 모두 함께한 법원 견학과 학교 행사

첫 학교 2년 차에 저는 3학년을 맡았습니다. 교생실습 때도 5학년 아이들과 함께했고 신규교사로 6개월은 6학년을 담당했던 저에게 3학년 아이들은 정말 귀여웠어요. 개학 첫날 교실 문을 열고 들어가자 "남자 선생님이다!", "키 진짜 크다!"라고 소리를 질렀습니다. 정말 머릿속에 있는 생각을 그대로 말로 표현하는 것이죠. 그리고 방송 조회 때 우리 반 친구가 교장 선생님께 상을 받으러 가서 교실 TV에 등장했습니다. 그때는 거의 교실이 월드컵 응원전을 보는 것처럼 뜨거워졌습니다.

수업 시간도 정말 즐거웠어요. 고학년 어린이들보다 확실히 반응이 좋았거든요. 좀 유치한 '똥' 개그를 하든 어른들만 웃을 것 같은 아재 개그를 하든 아이들은 모두 웃음을 빵빵 터뜨렸어요. 정말 수업 준비할 맛이 났습니다.

게다가 부모님들께서 학교 활동에 적극적으로 참여해주셨습니다. 제가 9월에 신규로 발령받아서 전년도에는 학부모 총회를 경험하지 못했는데요. 그래서 두 번째 해가 되어서야 3월 말에 첫 학부모 총회를 경험하게 되었습니다. 반 아이들이 그 당시 32명이었는데 스무 명 이상 총회에 오셨어요. 미리 준비한 파워포인트로 부모님들께 제 교육 철학과 학급 경영에 대해 설명하는데 진지하고 열성적인 눈빛이 제 가슴을 뛰게 했습니다.

부모님들의 열정은 4월부터 확인할 수 있었어요. 사회 수업 시간에 아이들과 '우리 동네 직업조사'를 주제로 대화를 나누었는데요. 반 친구 중에 판사가 꿈인 친구가 있었어요. 그래서 저는 "얘들아! 우리 동네에서 차를 타고 조금만 가면 법원이 있어. 알고 있니? 그곳에 미리 연락하고 견학 가면 판사님과 검사님도 만날 수 있대"라고 말해주었습니다.

부모님들의 반응은 바로 찾아왔습니다. 그날 밤 한 학부모님께 연락이 왔습니다.

"선생님! 오늘 아이들에게 법원 견학에 대해 말씀하셨다고 들었어요. 그래서 엄마들 몇 명 모여서 전화로 알아보니까 아이들 10명 이상이 오면 법원 견학을 해준다고 하더라고요. 그런데 아이들을 6명밖에 못 모아서요. 선생님이 좀 더 모아주시면 어떨까요?"

저는 어머님들의 적극성에 너무나 놀랐습니다. 그리고 정말 감사했죠. 다음 날 공개적으로 주말에 법원 견학 갈 친구들을 모집했습니다. 그랬더니 단숨에 15명이 모였습니다. 바로 그 주 주말에 저와 부모님 세 분의 차를 이용해 아이들과 법원 견학에 다녀왔습니다. 가서 법원을 둘러보고 판사님에게 궁금한 것을 물어보는 시간을 가졌어요. "판사님이 가장 기억에 남는 재판이 뭐였어요?", "판사님이 되려면 공부를 얼마나 잘해야 해요?" 저도 정말 궁금했던 질문들을 아이들이 해주어서 저와 아이들, 부모님까지 정말 재미있게 들었습니다.

이번 법원 견학은 저와 아이들 모두에게 선물 같은 경험이 되었어요. 아이들과 마찬가지로 저 역시 법원을 견학한 것이 처음이었고 판사님과 대화해본 것도 처음이었으니까요. 그리고 학부모님들과 교감하며 신뢰할 수 있는 관계가 되었는데요. 학년을 시작하면서 학급 경영의 든든한 조력자를 만난 것 같아 기뻤습니다.

그리고 학예회와 학기 말 작은 음악회 때 교육 3주체는 다시 뭉쳤습니다. 제가 근무했던 학교는 한 학년에 10반 내외로 있는 상당히 대규모 학교여서 학예회를 학급별로 진행했습니다. 전교생이 다 같이 모여 할 수가 없었죠. 사실 교사에게는 학급별 학예회가 부담스럽죠. 전체 학예회는 학급별 한 개의 공연, 많아도 두 개의 공연만 준비하면 되는데 학급별 학예회는 두 시간이 편성되어서 거의 10개 정도의 무대를 준비해야 했으니까요

근데 제 생각은 기우가 되었습니다. 아이들은 생각보다 할 줄 아는 게 정말 많았습니다. 그리고 3학년 아이들에게 실력은 중요하지 않았어요. 친구들 앞에서 무언가를 연습해서 보여주는 것 자체만으로도 의미가 있으니까요. 저는 정말 아이들이 원하는 종목이라면 어떤 것도 빼지 않고 공연에 다 넣었습니다. 무용, 연극, 노래 같은 고전적인 종목은 당연히 들어가고 선생님 성대모사, 막춤 추기, 공기놀이 등 아이들이 함께 즐거워할 수 있는 것은 무엇이든 할 수 있게 했습니다.

부모님들도 학예회를 관람하는 조연이 아니라 함께 도와주고 참여하는 주인공이 되었습니다. 연극에 필요한 가면을 준비하고 장면 장면마다 필요한 배경을 큰 현수막으로 만들어서 가져오셨죠. 실제로 공연할 때는 소품을 옮기고 배경도 바꾸는 스태프 역할까지 같이 했습니

다. 정말 교육 3주체가 함께한 멋진 학예회가 되었습니다.

학부모님들은 학기 말과 학년 말에 한 작은 음악회에도 함께해주셨습니다. 저도 그때는 어떤 열정이었는지 모르겠지만 음악회를 할 때마다 모든 부모님께 초대장을 만들어서 교실로 모셨어요. 공연에는 '당신은 사랑받기 위해 태어난 사람'을 연습해서 부모님께 아이들이 노래 선물을 해드렸습니다. 그해 종업식 날에는 공연이 늦게 끝나서 11시면 하교해야 하는 시간이었는데도 11시 40분에 마치기도 했습니다.


## : 종업식날 밥이 안 나온다고요?

저는 2년 연속으로 3학년을 맡았습니다. 워낙에 3학년 아이들과 궁합이 잘 맞기도 했고 큰 학교에서 6개월 경력이 전부였던 제가 학교 사정으로 체육부장을 2년 연속 맡게 되었거든요. 일단 남교사가 저를 포함해서 두 명뿐이었고 한 분은 경력이 많은 편이시고 다른 직책을 맡고 계셨습니다. 또 학교에는 수영부, 육상부, 태권도부, 동아리 축구부 등 다양한 운동부가 있고 체육대회, 학교스포츠클럽 등 행사도 많아서 가정이 있는 선생님들도 체육부장을 맡기 힘든 상황이었던 것이죠.

그래서 교감, 교장 선생님께서는 제가 체육부장을 맡는 대신 원하는 학년을 맡게 해주셨어요. 체육 전담 교사를 희망할 수도 있었지만 아이들과 1년 동안 함께 지내면서 느끼는 교사로서의 뿌듯함과 행복을 더 누리기 위해 한 번 더 3학년을 맡게 되었습니다.

그해의 부모님과는 뜻 깊은 기억이 있어요. 2학기 반장 어머님과 제가 종업식 며칠 전에 이런 대화를 했었는데요.

"선생님, 종업식 날에 아이들 언제 끝나요? 식사는 학교에서 제공하나요?"

"아, 그게 급식 날짜가 정해져 있어서요. 우리 학교는 종업식 날에 점심을 주지 않고 하교해요."

"아, 그렇구나. 부모님이 집에 안 계신 아이는 걱정이네요."

"맞아요. 작년에도 종업식 날에 집에 부모님이 안 계셔서 식사를 못하는 친구가 있었어요. 퇴근하다 우연히 만나서 제가 밥을 사준 적이 있네요."

제가 근무했던 학교는 경제적으로 어려운 아이들이 많지 않은 곳이었지만 소수의 힘든 아이들은 언제나 있었어요. 오히려 이런 아이들이 소수이다 보니 다른 아이들은 대부분 부모님이 학교 앞으로 오셔서 아이들을 데리고 집에 가거나 외식하러 가는 걸 보고 소외감을 느낄 때가 많았죠.

전년도의 경험이 떠올라서 부모님께서 모두 일하시거나 할머니와 함께 사는 아이에게 개인적으로 종업식 날 식사를 어떻게 하는지 물어봤어요. 그래서 집에서 점심을 먹지 못하는 아이들과 함께 피자 가게에 가서 피자를 먹으려고 약속도 잡아놓았죠.

11시 20분이 되고 아이들과 인사를 하려고 하는데 학교 내선으로 전화가 걸려왔습니다. 반장 어머님이셨습니다.

"선생님, 휴대폰을 안 보시는 것 같아서 교실로 연락 드렸어요. 아이들이랑 같이 후문 앞 놀이터로 와주세요."

학교에는 큰 체육관이 없어서 교내에서 체육 수업하는 것이 어려웠습니다. 그래서 학교 후문 앞에 있는 아파트 놀이터에서 체육 활동을 많이 했는데요. 이때 부모님들께서 우연히 그 장면을 많이 보셔서 강제 공개수업이 되곤 했습니다. 저는 반장 어머님이 아이들을 마지막으로 보고 인사하고 싶으신 줄 알고 놀이터로 향했습니다.

저는 놀이터에 도착하자마자 깜짝 놀랐습니다. 정말 큰 식당에서나 볼 법한 거대한 냄비에 먹음직스러운 카레가 듬뿍 담겨 있던 것이죠.

"선생님, 저희가 아이들 밥을 준비했어요. 선생님께서 점심 못 챙겨먹는 애들 있다고 하셔서 신경이 쓰이더라고요."

저와 우리 반 아이들은 학부모님들께서 준비해주신 카레를 맛있게 먹고 놀이터에서 마지막 체육 수업을 할 수 있었습니다. 이날 먹은 카레는 저와 아이들 모두에게 정말 잊을 수 없는 음식이 되었습니다.


## : 우리의 삶이 미세하게나마 한 발짝 전진하길

아이들과 뜻 깊은 종업식을 마쳤습니다. 그게 첫 학교의 마지막 종업식이었죠. 저는 가정을 꾸리고 집을 옮기게 되어 두 번째 학교로 이동하게 되었습니다. 학교를 옮긴 그해 여름에는 결혼식을 잡아놓고 있었죠. 저는 교사가 되어서 하고 싶은 버킷리스트가 있었어요. 그중 하나가 바로 아이들의 축가 선물을 받는 것이었습니다. 그래서 아이들과 부모님들께 조심스레 부탁을 드렸습니다. 아이들의 축가 선물을 받으면 정말 행복할 것 같다고요.

부모님들께서는 제 부탁을 흔쾌히 허락해주시고 제 인생에서 가장 소중한 날인 결혼식에 함께해주셨습니다. 아이들이 불러준 축가 '마법의 성'은 아직도 제 귓가에 맴돌곤 합니다. 너무나도 순수하고 맑은 목소리에 제 친구는 닭살이 돋았다고 소감을 말해주기도 했습니다.

학부모님들은 이미 학교를 옮긴 저를 위해 주기적으로 저녁 시간에 모여 아이들 축가를 연습시켜주시고 먼 곳까지 버스를 빌려 아이들과 결혼식장을 찾아주셨습니다. 지금 떠올려 보면 그 어려운 부탁을 어떻게 했나 싶습니다. 오히려 교사 생활을 시작한 지 얼마 되지 않아서 어떤 편견도 없이 학부모님을 대했기 때문에 가능했던 것 같습니다. 교사 생활을 하면 할수록 학부모님과 아이들이 대하기 어려워지고 갈등이 생기면 해결이 쉽지 않아져서 자연스레 불편한 대상으로 인식되는 것은 참 아이러니한 일 같습니다.

오랫동안 굳어져 온 인식을 바꾸는 것은 쉬운 일이 아닙니다. 하지만 제 초임 교사 시절의 교육 3주체가 함께 모여 실천한 경험들은 저와 아이들, 학부모님 모두에게 따뜻하고 소중한 추억으로 남아 있습니다. 교육 3주체는 서로 경계하는 갈등의 대상이 아니라 소통하고 돕는 동

행자가 되어야 합니다. 이런 노력으로 우리 모두의 삶이 미세하게나마
한 발짝 나아가기를 기대해 봅니다.

# 4

# 얘들아!
# 교실
# 밖에서
# 만날까?

대학교 3학년 2학기에 교생실습을 나가게 되었습니다. 강의실에서
모의 수업을 하고 초등학교 아이들의 특성을 글과 영상으로만 접하다
가 드디어 직접 현장에 나가보게 된 것이죠. 실습 기간은 딱 3주였습
니다. 실습을 나가는 첫 주는 주로 담임선생님을 포함한 다른 선배 선
생님의 수업을 참관하고 두 번째 주부터 본격적으로 교생들이 시간표
를 짜서 과목별로 한두 시간씩 아이들과 수업을 시작했습니다.

저는 5학년에 배정받았는데요. 담임선생님은 저보다 다섯 살 많은
남자 선생님이셨습니다. 워낙에 잘 웃으시고 편안한 분위기를 주는 분
이셔서 아이들도 스스럼없이 선생님을 대하고 그러다 보니 아이들과

의 관계도 정말 좋게 느껴졌습니다. 돌이켜 보면 이때의 경험이 제 학급 경영에 큰 영향을 준 것 같습니다. 지금 아이들과 하는 활동들의 많은 부분이 실습지도 선생님께서 하신 활동을 약간씩 수정해서 하는 것들이니까요.

특히 저는 선생님의 '교실 밖' 활동에 완전히 빠져들었습니다. 선생님은 방학이 되면 아이들과 교실 밖 활동을 한다고 하셨어요. 옛날에는 학교에서 캠핑도 하고 선생님과 아이들이 지금보다 훨씬 더 가족같이 친하게 지냈는데 요즘엔 그런 게 줄어들어서 아쉽다고 말씀하셨죠. 그래서 제가 실습을 나간 해 여름방학에는 지역 인근의 큰 펜션의 방 두 개를 빌려서 아이들과 1박 2일 캠프를 하셨다고 했습니다. 이 이야기를 들으며 '우와! 나도 아이들과 교실 안에서만 아니라 교실 밖에서도 함께 해야겠다'라고 다짐하게 되었습니다.


## : 우수 모둠 시내 데이트와 단체 실내 놀이터 만남

발령 첫 해부터 저는 교실 밖 활동을 실천했어요. 처음 맡은 6학년 아이들과는 시내 데이트를 했습니다. 한 달 동안 모둠 활동을 해서 스티커를 많이 받은 우수 모둠을 뽑아 선생님과 함께 주말에 시내에 나가서 놀고 오는 것이었어요. 반응은 폭발적이었죠. 6학년이라 이미 시내에 대해 잘 알고 있었어요. 그래서 아이들이 시내에서 하고 싶은 것을 정해서 저와 의논한 후 시내에서 토요일에 함께 시간을 보냈죠.

어떤 달에는 영화를 함께 보고 스티커 사진을 찍기도 했고요. 어떤 달에는 디스코 팡팡을 함께 타고 오락실에서 게임을 같이 하기도 했습니다. 아이들과의 시내 데이트로 제일 좋았던 것은 내성적인 아이들과 친해지는 것이었어요. 평소 교실에서 저와 대화를 나눠본 적이 거의 없거나 발표를 하지 않아서 목소리를 들을 일이 별로 없던 조용한 아이들도 시내에서 저와 같이 걷고 함께 밥을 먹다 보니 자연스럽게 친해질 수 있었습니다.

또 저는 아이들과 시내 데이트를 통해 아이들이 평소에 가지고 있는 고민이나 관심사도 자연스레 알게 되어서 생활교육의 방향을 정할 때 도움이 되었어요. 아이들은 선생님과 특별한 경험을 했다고 생각해서 저를 더 좋아하고 신뢰하게 되었습니다.

그런데 약간의 문제가 있었어요. 우수한 모둠에 기회를 주었더니 저와 한 번도 시내를 못 나가보는 친구가 있었고 여러 번 기회를 얻는 아이도 있었어요. 즉 소외된 아이들이 생긴 것이죠. 그리고 너무 지나치게 경쟁심을 부추겨서 친구들끼리 갈등이 생기기도 했죠. 처음부터 이런 문제점을 예상하고 원칙을 잘 세워 시작했어야 하지만 그렇지 못하면서 시행착오를 겪게 되었습니다.

그래서 다음 해 3학년들과는 교실 밖 활동 방식을 조금 바꿨습니다. 우수 모둠 아이들만 골라서 가는 것이 아니라 전체 아이들을 대상으로 교실 밖 활동을 시도했습니다. 사실 말이 쉽지 반 전체 아이들과 교실 밖으로 나가는 것은 어려운 일입니다. 안전 문제도 걸리고 부모님들에게 동의도 다 받아야 하죠. 그리고 원하지 않는 아이들도 가끔 있기도 하고요. 학교의 관리자분들도 부담스러우실 수밖에 없습니다. 하지만 그해 아이들과 저는 정말 궁합이 잘 맞기도 했고 부모님들도 제가 아이들과 함께하는 행사에 적극적으로 참여해주셔서 어떤 활동을 해도 주저 없이 도전할 수 있었습니다.

가장 기억에 남는 활동은 한 학기에 한 번 단체로 실내 놀이터에 간 것입니다. 제가 근무한 학교 주변은 어린이들이 많이 사는 동네라 규모가 큰 실내 놀이터가 많았습니다. 그래서 20명이 넘는 반 아이들이 한꺼번에 들어가서 놀 수 있었습니다. 그곳에서 아이들과 두 시간 정도 신나게 놀고 다음 코스로 이동했어요. 비가 안 오면 학교 운동장이나 야외 놀이터에 가서 피구를 하거나 술래잡기를 했습니다. 그리고 비가 오면 코인 노래방에 가서 신나게 함께 노래를 불렀죠.

몇 달 전에 지금은 고등학생이 되어버린 옛 제자들을 만났습니다. "선생님, 저는 아직도 선생님이랑 같이 실내 놀이터 간 게 떠올라요." 아직도 이날을 생생하게 기억하고 있었습니다. 어찌 보면 크게 특별하지 않은 일이었지만 우리 반 선생님과 교실이 아닌 동네 놀이터에서 놀았다는 것, 우리 반 친구들이 현장 체험학습 날이 아닌데도 교실 밖에 함께 모였다는 것만으로도 아이들에게는 소중한 추억으로 남아 있습니다.

## : 얘들아! 우리 번개 모임 어때?

아기를 낳기 전까지만 해도 주말이나 방학에 우리 반 친구들을 만나는 것은 어려운 일이 아니었어요. 혼자 살기도 했고 특별히 다른 곳에 지출을 많이 하는 편이 아니어서 아이들에게 간식을 사주고 영화 관람료를 내주는 것이 전혀 부담되지 않았죠. 심지어 결혼한 이후에도 큰 문제가 없었어요. 초등교사인 아내도 교육관이 저와 아주 잘 맞았으니까요. 아내의 반 아이들과 제가 함께 놀기도 하고 반대로 저의 제자들이 제 아내랑 함께 시간을 보내기도 했습니다.

그런데 2017년과 2019년에 저와 아내를 쏙 빼닮은 사랑스러운 아들 둘이 태어났어요. 완전히 삶이 달라졌죠. 17년과 18년에는 대학원에서 파견 근무를 하면서 현장에서 잠시 떨어져 있는 기간이었어요. 그래서 공부와 육아에 집중했습니다. 그 후 19년도에 지금의 학교로 복직했는데요. 아빠가 된 선생님으로서는 처음 담임을 맡게 되었습니다. 4학년 아이들이었는데 3학년과 5학년은 경험이 있지만 4학년은 처음이었습니다.

아기를 키우다 보니 예전처럼 주말에 아이들과 시간을 보내기가 어려워졌습니다. 주말만 되기를 기다리는 두 아들이 집에서 기다리고 있었으니까요. 그래서 한편으로는 좀 아쉬웠습니다. 지금까지 학급을 맡으면서 항상 아이들과 해오던 걸 못 하게 되었으니까요. 그리고 한 학기 동안 저와 대화를 많이 나누지 못한 아이들과도 친해지고 싶었어요. 그래서 아내에게 허락을 받고 방학 때 번개 모임을 시도하기로 했습니다. 저는 클래스팅이라는 학급 경영 플랫폼을 활용하는데요. 그곳에서는 아이들이 자신의 일상을 올리고 서로 약속을 잡기도 합니다.

그래서 저도 클래스팅에 번개 모임 '공지'를 올렸습니다. '8월 15일 11시에 영화 볼 사람 CGV 앞으로 모여! 참석할 수 있는 친구들은 댓글 달아!' 이렇게요. 의외로 아이들은 번개 모임에 정말 많이 참석했어요. 23명 중 11명이 왔으니 거의 절반이 온 것이죠. 저는 아이들과 함께 영화를 보고 분식집에서 떡볶이, 돈가스, 우동을 시켜서 함께 먹으며 수다를 떨었습니다. 방학의 거의 막바지에 만난 모임이라 가족들과 여행 갔던 일을 한마디씩 듣다 보니 시간이 훌쩍 지나갔어요.

어떤 친구는 친척 집에 가족들과 함께 갔다가 모임에 오고 싶어서 부모님을 설득하고 전날 밤에 급하게 집으로 돌아왔대요. 방학 때 선생님과 친구들을 만나는 이 시간이 얼마나 아이들에게 소중한지 알 수 있었습니다.


## ： 선생님 아들이랑 같이 놀자고?

어느 날 수업이 끝나고 교실에서 놀던 수정이가 저에게 오더니 이런 이야기를 합니다.

"선생님 아들 학교 오라고 해요. 같이 놀고 싶어요."

우리 반 아이들에게 저는 제 아들의 모습을 자주 보여줬거든요. 그리고 그해 5월에는 둘째를 낳으면서 2주 동안 자리를 비우기도 해서 제 아들 둘의 존재를 궁금해 하는 친구들이 많았습니다. 처음 수정이가 그 말을 꺼냈을 때는 '에이! 우리 아들은 너무 어려!'라고 그냥 넘겼습니다. 근데 첫째 아들이 30개월이 되어서 의사 표현도 가능해지고 아빠와 노는 것보다 누나와 형과 놀 때 더 즐거워하는 모습을 보니 제 생각이 달라졌습니다.

9월 어느 주말이었습니다. 이제 100일 갓 넘은 둘째를 엄마가 안아주는데 첫째가 질투가 나는지 자꾸만 엄마에게 안기겠다고 떼를 씁니다. 이때 가장 좋은 방법은 첫째를 제가 데리고 나가는 것이죠. 어디를 갈까 고민했어요. 그때 클래스팅 알람이 울립니다. '학교 앞 아파트에서 놀 수 있는 사람 나와.' 반 친구들이 학교 앞 놀이터에서 놀기로 한 것이죠. 저는 그래서 댓글을 달았습니다. '선생님, 첫째 아들이랑 놀이터 간다.'

학교 앞으로 차를 타고 가고 있는데 계속 정연이에게 전화가 왔어요. "선생님, 어디예요? 빨리 와요!" 얼마나 제 아들이 보고 싶었는지 저를 계속 재촉합니다. 놀이터에 도착했더니 10명 정도 되는 친구들이 와 있었어요. 어찌나 제 아들과 잘 놀아주는지 저는 오랜만에 푹 쉴 수 있었죠. 제 아들의 손을 잡고 아파트 주변을 함께 산책하고 놀이터에서는 안아서 그네를 태워줬어요. 그리고 제 아들과 함께 인증샷을 찍고 싶다고 해서 단체 사진도 함께 찍었죠. 정말 즐거운 시간이었습니다.

그날 이후로 제 아들은 저에게 누나, 형들과 함께 찍은 사진을 보여달라고 말합니다. 아기들은 자신을 예뻐한다는 걸 본능적으로 잘 알잖아요. 그만큼 반 아이들이 제 아들과 잘 놀아준 것이죠. 그래서 저는 반 아이들과 제 아들이 몇 번 더 만날 수 있게 해주었어요. 겨울에는 영화 번개 모임에 제 아들이 함께 가서 「겨울왕국 2」를 반 친구들과 함께 보기도 했고요. 주말 하루는 남학생 몇 명이 제가 사는 아파트에 놀러 와서 첫째 아들과 간식을 먹기도 했습니다.

함께 놀이터에서 뛰어노는 것, 영화를 보는 것은 어찌 보면 정말 흔히 하는 지극히 평범한 일입니다. 그런데 제가 정말 사랑하는 아들과 사랑하는 제자들이 함께 있는 장면을 보니 평범한 일상이 갑자기 특별해져버렸어요. 어린 제 아이와 함께 소중한 추억을 만들어준 제자들에게 고마움을 전합니다.

# 5

## 최고의
## 생활교육은
## 함께
## 노는 것!

"선생님이 오셔서 학교가 이제 살아 숨 쉬는 것 같아요."

두 번째 학교에 간 첫 해에 6학년 선생님 한 분께서 저에게 이런 말씀을 해주셨어요. 저에게는 정말 가장 큰 칭찬이었죠. 선생님이 학교가 살아 숨 쉰다고 느낀 것은 바로 아침 활동 시간과 점심시간이었어요. 제가 아이들과 운동장에서 시끌벅적하게 체육활동을 했거든요. 선생님 말씀으로는 제가 오기 전에는 1교시 시작하기 전 아침 시간 20분과 점심을 먹고 나서 5교시가 시작하기 전 20분은 교실만 활기가 넘쳤을 뿐 운동장은 조용했다고 해요.

그런데 제가 이 학교에 오자마자 아침마다 아이들과 운동장에 나가고 점심시간에도 비가 오지 않는 이상은 5분이라도 밖에서 뛰어노니 학교가 달라졌다는 것입니다. 그리고 그 당시 같은 학년 선생님은 저에게 '피리 부는 소년'이라는 별명을 붙여줬습니다. 반 아이들이 제 차를 보면 항상 신발을 갈아 신는 현관으로 마중을 나왔거든요. 저는 아이들이 저를 좋아하고 기다리는 모습이 정말 좋았습니다.

저는 아이들과 아침 활동 시간에 플라잉 디스크와 긴 줄넘기를 했어요. 플라잉 디스크는 둥근 모양의 던지기용 교구인데요. 고무로 만들어져서 맞아도 크게 아프지 않고 어떻게 던지느냐에 따라 방향도 달라지고 정확도도 달라져서 다양한 게임을 할 수 있었어요. 그리고 짧은 시간에도 친구와 함께 주고받기만 해도 재미있어서 아침 활동 시간에 하기에는 최고의 종목이었죠. 그리고 긴 줄넘기는 5, 6명이 한 조가 되어서 줄 넘은 횟수 세기를 기본으로 하고 숙달되면 팔자 줄넘기를 하면서 협동심을 키우기에 최고였어요. 저는 이 두 종목을 격일제로 재미있게 운영했습니다.

그리고 점심시간에는 구기 종목을 했어요. 가장 많이 한 것이 축구와 티볼, 발야구였죠. 날씨가 좋아서 남학생과 여학생이 거의 다 나오면 티볼이나 발야구를 함께했고 날씨가 덥거나 추워서 소수정예만 나오면 축구나 캐치볼을 했습니다.

이렇게 매일같이 아이들과 체육활동을 하니 여러 좋은 일들이 일어났어요. 체육활동에 자신감이 생긴 우리 반 친구들이 다양한 체육대회에 참가하게 되었어요. 학교스포츠클럽 티볼 대회에 우리 반 친구들만 다섯 명이나 참가했고 동아리 축구 대회에도 도전한 아이도 늘어났죠. 티볼 대회에 참여했던 한 친구는 야구를 전문적으로 하기 위해 야구부가 있는 학교에 전학가기도 했답니다. 그리고 다른 반, 다른 학년에도 좋은 변화를 줬어요. 우리 반 아이들이 항상 운동장에 나가 있으니 창문으로 그것을 지켜본 아이들도 원하기 시작한 것이죠. 그래서 아침 활동을 위해 운동장에 나오는 반도 많아졌고 점심시간에 다른 학년, 다른 반 친구들이 모여서 함께 축구나 티볼 경기를 하는 시간도 많아졌습니다.

## ː 얘들아! 우리 새벽에 만날까?

첫 학교에서 3학년을 맡던 해였습니다. 우리 반 32명의 친구 모두 에너지가 대단했습니다. 그때는 미세먼지가 지금처럼 매일 확인해야 할 정도로 심하지 않았고 대규모 학교였음에도 체육관이 없어서 야외활동을 자주 하곤 했습니다.

저는 그해에 체육부장을 맡고 있었어요. 그래서 아이들이 등교하기 전 아침 시간에는 운동부 훈련을 감독하러 여덟 시쯤 학교에 일찍 오곤 했습니다. 그때 제 눈을 사로잡는 것이 있었습니다. 6학년 선생님 한 분과 그 반의 아이들이 아침에 나와서 준비운동과 달리기를 하고 여러 종류의 체육활동을 했습니다. 아침 여덟 시쯤 반 아이들 전체가 나와서 하루를 시작하는 모습이 정말 인상적이었습니다. 저는 그 반의 아이들이 힘든데도 아침에 나오는 건지 원해서 나오는 건지 궁금했어요. 그래서 육상부에서 함께 운동하는 승용이에게 물었습니다.

"승용아, 아침 일찍 나오는 거 안 힘들어?"

"네? 안 힘들어요. 저희가 선생님께 나오자고 했어요. 체육 하고 싶어서요."

승용이의 이야기를 들어보니 아침 일찍 나오는 건 아이들과 선생님이 모두 원했기 때문이었어요. 제가 체육부장을 하면서 운동장과 건물 5층의 다목적실, 농구장을 반별로 시간을 분배해서 최대한 겹치지 않게 배정했지만 50학급이 넘는 큰 학교다 보니 운동장을 한 반이 통째로 제대로 사용하지를 못하는 것이 아쉬웠던 것입니다.

그 반 친구들과 선생님은 일주일에 한 번, 많게는 두 번 여덟 시에 나와 정규 수업 시간처럼 40분 동안 체육을 했어요. 축구도 하고 피구도 하고 계주도 했습니다. 저는 그 모습을 보고 저렇게 신나게 아침에 뛰어노는 것이 아이들의 정서에도 좋고 선생님의 학급 경영과 생활교육에 긍정적인 영향을 줄 수 있다고 느꼈습니다.

승용이와 대화를 나눈 날 국어 시간에 학급 회의를 열었습니다. 제가 아이들에게 긴급 제안을 했어요.

"얘들아, 혹시 우리 아주 아침 일찍 선생님이랑 만나서 노는 것 어때?"

아이들은 갑자기 웅성대기 시작했어요. 반응이 좋은 3학년 아이들답게 수많은 질문을 했습니다. "내일 가는 거예요?", "엄마도 가요?", "어디 가는 거예요?", "가서 뭐 하면서 노는 거예요?" 아이들의 질문은 하나씩 다 답하려고 하면 힘들어집니다. 그래서 저는 우선 질문을 다 듣고 질문에 대한 답변을 하나로 만들어 이야기했죠.

"요즘 날씨도 덥고 비도 오고 해서 밖에서 많이 못 나갔지? 아쉬웠을 것 같아. 지난주에도 '체육의 날' 하려고 했는데 다른 학년이랑 시간 겹쳐서 몇 개 종목은 못 했잖아."

"맞아요. 그때 계주도 못 하고 피구도 못 했어요."

"응 그렇지. 그래서 선생님이 너희랑 함께 새벽 운동을 해 보고 싶어. 선생님 어린 시절 중 기억에 남는 운동을 하나 뽑자면 그건 아버지랑 했던 새벽 배드민턴이야. 집 앞에 달맞이 공원에서 했었는데 너무 재미있었어."

"저도 엄청 일찍 일어나서 엄마랑 운동한 적 있어요!"

"선생님, 근데 저 아침에 늦잠 자는데요."

제가 새벽 운동을 하자고 하자 좋아하는 아이들도 있었지만 걱정하는 친구도 많았어요. 일찍 일어나기 힘든 아이, 부모님께서 허락을 안 해줄 것 같다는 아이도 있었죠.

"그럼 이번 주 금요일 아침 일곱 시에 만나서 함께 장구봉공원에 올라가 보자. 공원 위로 올라가서 물도 마시고 그곳에서 아침도 먹는 거야. 그리고 여덟 시쯤 내려와서 입구에 있는 농구장에서 피구랑 계주 시합하자. 어때?"

아이들과 아침 일곱 시에 만나기로 약속을 잡았습니다. 학교 주변에 사시는 선생님이 학교 근처의 공원을 추천해주셨거든요. 그 공원에는 약간의 등산로가 있는데 아이들과 올라갈 만하고 입구에도 큰 농구장이 있어서 활동하기도 좋다고 말씀해주셨습니다. 그날 퇴근 후 장구봉공원에 다녀왔습니다. 저 혼자 빠르게 가니 약수터까지 10분 정도 걸렸습니다. 아이들과 천천히 오면 왕복 30분 정도 걸릴 것 같았습니다. 그리고 그 앞에 약수터와 함께 밥을 먹을 정자도 봐두고 공원에서 내려왔습니다.

금요일 아침, 6시 50분에 학교 앞에서 친구들 일부와 먼저 만나서 공원 입구로 이동했습니다. 이미 거의 열 명의 친구들이 도착해 있었습니다. 그리고 저를 도와주고 싶다고 자원을 해주신 어머님도 두 분 와계셨죠.

"얘들아, 오기로 한 친구들은 다 온 것 같아! 가보자!"

아이들과 저는 신나게 산을 올랐습니다. 워낙 길이 잘 되어 있어서 힘들어하는 친구들은 없었어요. 이미 가족과 등산을 여러 번 해본 친구는 앞장서서 저를 안내했습니다. 그렇게 15분 정도 올라가서 정상에 도착했습니다. 저와 아이들은 함께 약수터에서 물을 마시고 그곳에 설치된 기구로 운동도 하고 각자 챙겨온 줄넘기, 훌라후프도 같이 했습니다. 그리고 큰 정자에 가서 각자 싸온 도시락을 꺼내놓고 함께 나눠 먹었습니다. 유부초밥에 샌드위치, 불고기 김밥까지 정말 진수성찬이었죠.

밥을 먹고 정자에서 원으로 둘러앉아서 간단한 놀이를 함께 하고 산에서 내려왔어요. 아이들은 기분이 좋은지 등산로에서 어른들을 마주치면 "안녕하세요!"라며 큰소리로 인사했죠. 아이들과 산에서 내려오니 이제 8시 10분이 되었어요. 등교 시간까지 딱 30분이 남은 것이죠. 저는 아이들과 약속한 대로 농구장에서 피구 한 경기, 계주 한 경기를 했습니다. 농구장은 아이들 등굣길 중간에 있어서 지나가는 아이들도 저와 아이들을 보며 신기해했어요. 아침에 일찍 일어나는 걸 힘들어하는 아이도 반 친구들을 발견하고 뛰어와서 함께 피구를 했죠. 그날 햇살은 어떤 아침보다 따뜻했습니다.

## : 함께 놀기! 최고의 생활교육

요즘 학교 현장에서 가장 심각하게 인식되고 있는 문제는 학교폭력과 교권 침해 사건일 것입니다. 저는 이 문제들을 생활교육을 통해 해결해야 한다고 생각하고 있어요. 예전에는 학교폭력을 일으키고 교사에게 예의에 어긋나는 행동을 한 친구들에게 벌과 징계를 주는 '생활지도'가 해법이 될 줄 알았어요. 그런데 이 방법은 오히려 아이들의 화를 더 키우기만 했죠. 또 그 화를 피해 학생들에게 푸는 바람에 더 큰 사건이 벌어지기도 했습니다.

그래서 요즘엔 패러다임의 전환을 요구하고 있어요. 그것이 바로 '생활교육'입니다. 저는 아이들과 교사가 함께 놀고 모험하는 것을 생활교육의 가장 효과적인 방법이라고 생각해요. 인간은 본능적으로 놀이를 좋아합니다. 그래서 '호모 루덴스(놀이하는 인간)'라는 말도 있죠. 그런데 현대의 아이들은 놀이 욕구와 모험 욕구를 충분히 채우지 못하고 있어요. 바로 놀이 실조 현상이 일어나고 있는 것입니다.

학교에서 학교폭력 업무를 담당하면서 아이들과 상담해보면 이런 욕구를 충족시키지 못해서 문제를 일으키는 사례를 자주 보곤 합니다. 이런 아이들을 위해 단순히 그냥 아이들에게 놀고 모험하라고 두는 것이 아니라 선생님이 함께 교육적 의미를 담은 활동을 구성해서 아이들과 함께 즐길 때 최고의 생활교육이 되는 것입니다. 초임 교사 시절 아이들과 함께한 새벽 운동은 아이들의 놀이 욕구를 충족시켜주고 하루를 기분 좋게 시작하게 도와줬어요. 그리고 저와 아이들의 관계도 끈끈하게 만들어주었죠.

제가 현재 근무하고 있는 학교에서는 새벽 운동을 하진 못합니다. 학교와 집이 멀기도 하고 가정이 생기다 보니 아침에 할 일이 많더라고요. 그래서 학교에 있는 시간만이라도 아이들과 함께 시간을 많이 보내려고 노력합니다. 다행히 학교에는 체육관이 있는데요. 요일별로 체육관을 사용할 수 있는 학년을 정해놓고 있어요.

작년에 담임을 맡은 4학년은 수요일이 체육관 사용날짜였습니다. 아이들은 월요일부터 금요일 중에 이날을 가장 손꼽아 기다렸죠. 항상 밥을 먹고 선생님과 친구들이 함께 뛰어놀 수 있었으니까요. 좁은 공간이지만 함께 한 발 뛰기, 술래잡기 놀이도 하고, 세 코트 피구도 합니다. 배드민턴을 치기도 하고요.

제가 아이들이 노는 공간에 함께 있으면 그 자체로 생활교육에 도움을 줍니다. 친구들끼리 싸울 일이 생겨도 제가 있으면 참게 되고 문제가 생겨도 바로 해결해주니까요. 그리고 하고 싶은 것이 서로 달라도 쉽게 의견을 조정할 수 있어요. 안 그래도 짧은 점심시간인데 시간 낭비도 줄이고 오전 동안 쌓인 움직임 욕구도 충족시킬 수 있습니다.


## : 시간이 생기면? 얘들아, 같이 놀자!

아침 활동 시간과 점심시간이 생각보다 짧습니다. 그래서 저는 쉬는 시간과 창의적 체험활동 시간, 방과 후 시간도 놀이 시간으로 활용합니다. 쉬는 시간에는 '우리 반 노래방'을 열었어요. 요즘 블루투스 무선 마이크를 쉽게 구할 수 있습니다. 저에게 미리 부르고 싶은 노래를 아이들이 예약하면 다음 쉬는 시간에 순서대로 틀어줍니다. 처음에는 부끄러워서 노래하는 친구가 적었지만 시간이 지나면서 노래하는 아이들이 많아져서 쉬는 시간이 부족해졌습니다.

창의적 체험활동 시간에도 놀이 시간을 계획해서 날씨가 좋으면 꼭 밖으로 나갔어요. 운동장에서는 각자 원하는 구기 종목 경기도 하고 제가 재미있는 체육활동을 준비해서 같이 하기도 했습니다. 그리고 아이들 스스로 원하는 사진 포즈를 정해서 학교를 배경으로 함께 즐겁게 사진을 찍었습니다.

미세먼지가 나쁘거나 너무 더워서 밖에 나가기 힘든 날에는 교실 놀이를 함께 계획하고 활동했어요. 도덕 시간에 '우리 반이 즐거워지려면?'이라는 주제로 토의를 했는데 여섯 모둠 중 네 모둠이 '교실 놀이를 하면 우리 반이 즐거워진다'라고 답할 정도로 아이들은 교실에서 노는 것을 좋아했습니다. 아이들은 모둠별로 친구들과 할 수 있는 게임을 준비했는데요. 학습 퀴즈, 넌센스 퀴즈를 준비해오는 친구도 있었고 손님 모셔오기, 단체 가위바위보 등 원으로 둘러앉아 할 수 있는 게임을 준비해서 즐겁게 활동했습니다.

그리고 방과 후 시간에도 아이들과 많은 놀이를 했습니다. 물론 학원에 가야 하는 친구들도 있고 개인 사정상 함께하지 못하는 친구들도 많았지만 교실에 남아 있는 친구가 한 명이라도 있다면 저는 아이들과 함께 놀았습니다. 제가 바쁘면 놀이 종류를 정해주거나 승패를 판정하는 작은 역할이라도 함께했죠. 생각보다 교실에서 아이들과 재밌게 할 수 있는 놀이가 많아요. 문제를 내고 몸으로 설명하는 '몸으로 말해요' 게임, 시민과 마피아를 미리 뽑고 추리하는 '마피아 게임', 교실에 있는 물건을 순서대로 말하는 '교실에 가면' 게임은 준비 과정이 특별히 없어도 재미있게 즐길 수 있습니다.

또 교실에 다양한 보드게임이 있는데요. 방과 후에 아이들에게 설명하고 함께하면 최고입니다. 교실이 보드게임 카페가 되어버리죠. 특히 제가 추천하고 싶은 보드게임 하나를 뽑자면 '딕싯'이 있어요. 간단히 게임 과정을 설명해 보겠습니다. 한 명씩 번갈아 가며 이야기꾼 역할을 맡게 됩니다. 이야기꾼은 내가 가지고 있는 여러 카드 중에 한 장을 뽑아 그것에 대한 느낌이나 설명을 친구들에게 말해요. 그러면 다른 친구들은 내가 가지고 있는 카드 중에 그 설명과 가장 비슷한 걸 한 장 골라서 내고 이야기꾼을 제외한 다른 친구들은 어느 것이 이야기꾼의 카드인지 투표합니다. 이 과정에서 자연스레 아이들이 생각하고 있는 감정을 표현하고 서로의 마음을 이해할 수 있게 됩니다.

저는 오늘도 남는 시간이 조금이라도 있다면 주저 없이 교실 바닥에 앉아 아이들과 함께 노래를 부르고 공기놀이를 합니다.

# 6

# 아이들에겐 마법 같은 능력이 있어요

어린이와 어른의 가장 큰 차이점이 무엇일까요? 체격이 다르다? 생각이 다르다? 과거에는 어린이를 어른의 축소판으로 생각하는 경향이 컸어요. 단순히 아동기를 어른이 되기 위한 준비 과정으로만 본 것이죠. 하지만 저는 어린이들에게는 특별한 마법 같은 능력이 있다고 믿어요. 어른이 가지고 있지 못하는 순수함과 진솔함에서 나오는 것이겠죠. 그리고 어른들은 무슨 일을 하더라도 생각이 많고 남과 비교하며 위축되어 있곤 하죠. 하지만 어린이들은 자신이 있고 해야 하는 일이라고 느끼면 화통하게 실행할 때가 있어요. 모험을 좋아하는 아이들의 심리 때문이겠죠.

또 어린이는 조금 실수를 하더라도 어른에 비해 너그럽게 받아들이게 되지요. 이렇게 어린이는 어른의 축소판이 아니라 그들만의 다른 특성을 가지고 어른보다 더 잘하는 것도 많은 특별한 존재들입니다.

몇 년 전에 「초딩, 자전거 길을 만들다」라는 제목의 책을 읽었습니다. 어느 초등학교 학생들이 학교 앞에 자전거 길이 없어서 서울 시장님께 편지를 써서 자전거 길을 만든 이야기가 담겨 있었어요. 책을 읽다 보니 제가 서울 시장이라도 어린이들의 불편함을 빨리 해결해주고 싶을 것 같다는 생각을 했습니다. 우리가 사회에서 겪는 불편함을 어린이의 눈으로 이야기하면 훨씬 더 잘 와 닿고 설득력이 생기는 것이죠.

그래서 저는 어린이들에게도 그 시기에 맞는 사회에서의 역할이 있다고 생각해요. 어린이들은 내가 사는 동네, 우리 학교, 우리 사회에서 발생하는 문제를 발견하고 해결할 수 있는 능력이 있어요. 즉 학교와 가정에서 어린이들에게 할 수 있다는 자신감을 심어주고 참여와 실천의 중요성을 알려주면 아이들은 멋진 주인공 시민으로 성장할 수 있습니다.

## : 선생님! 청주 여행은 저희가 책임질게요

저도 초등학교에 있으면서 아이들의 마법 같은 능력을 여러 번 경험했습니다. 아이들이 보여준 능력은 책에 나오는 자전거 도로 이야기처럼 사회에 큰 변화를 주는 것은 아니었지만 소소하게 우리 학교와 우리 지역을 더 잘 이해할 수 있는 좋은 계기가 되었습니다.

5학년 담임을 맡은 해였습니다. 사회 시간에 우리 국토와 환경을 주제로 수업을 하고 있었어요. 아이들이 쉽게 이해할 수 있도록 우리 동네 청주를 예로 들어 설명하고 있었어요. 무심천, 명암저수지, 상당산성 등 유명한 지형과 관광지를 언급하는데 아이들 반응이 영 시원치 않은 것입니다. 수업을 마치기 전에 아이들에게 물었어요.

"애들아, 혹시 오늘 수업 중에 어려운 거 있었어? 한 번 얘기해보자."

그때 반장 형욱이가 손을 들고 말했습니다.

"선생님이 설명해준 청주 장소들이요. 제가 못 가보고 모르는 것이 많았어요."

"맞아요. 저는 아예 처음 들어본 것도 있어요."

여러 친구가 형욱이의 말에 공감했습니다. 저는 아이들이 잘 알 만한 우리 동네 지역을 예로 들어 쉽게 설명하려고 했는데 실패한 것이죠. 아이들이 우선 청주의 관광명소들에 대해 잘 알아야 할 필요성이 생긴 것입니다.

다음날 저는 아이들에게 과제를 하나 부여했어요. '우리 반 친구들과 함께 가고 싶은 청주 관광지 찾아보기'였습니다. 아이들이 관광지를 인터넷이나 도서로 조사해보면서 우리 동네를 더 잘 이해하길 바랐습니다.

숙제 검사하는 날 아침이었어요. 수진이와 혜원이가 저에게 와 종이를 하나 내밀며 말했습니다.

"선생님, 숙제하다가 혜원이랑 얘기했는데 저희가 조사한 관광지에 친구들이랑 직접 가는 건 어떨까요?"

사실 그 전년도까지는 주말이나 방학을 이용해서 청주 시내에 가기도 하고 전학 가는 친구가 있으면 집에 초대해서 밥을 해주기도 했었는데요. 그해에는 주말에 가끔 따로 하는 일도 있고 체력도 예전 같지가 않아서 교실 밖 활동을 못 했거든요.

"그럼, 다른 친구들 의견도 한 번 들어볼까?"

"네, 선생님. 사실 저희가 선생님하고 친구들하고 같이 가보고 싶어서 시간 계획표도 짰어요. 보여드릴게요."

수진이와 혜원이는 마음이 맞는 친구들과 모여 주말에 같이 숙제를 하고 친구들과 함께하는 청주 투어 여행 시간표까지 짜둔 것이었습니다. 아홉 시에 학교에서 출발해 명암저수지를 둘러보고 오리배도 타고 청주랜드까지 구경하는 코스였어요. 저는 여행코스를 짜려면 반나절 이상 걸리는데요. 그리고 너무 정보가 많다 보니 어떤 게 좋을지 고민되어서 에너지를 많이 쏟죠. 그런데 반 아이들이 여행계획표를 짠 걸 보니 참 기특했습니다.

반 아이들도 주말 청주 여행을 격하게 반겼어요. 그래서 사회 시간에는 4, 5명씩 조를 나누고 여행지를 선정하게 했습니다. 여행을 다녀온 후 친구들과 경험을 공유하기 위해 5개 조 모두 다른 관광지를 선택하게 했죠. 그리고 여행코스를 짤 때는 저는 전혀 개입하지 않기로 했어요. 어린이들 스스로 여행코스와 여행 준비물과 주의 사항을 포함해서 여행계획서를 작성했습니다.

여행 장소는 청주 성안길, 청주 동물원, 명암저수지와 청주랜드, 문암생태공원, 수암골 벽화마을 등 다섯 곳으로 정했습니다. 그리고 주말에 어린이 가이드들과 함께 즐거운 청주 여행을 하고 왔습니다. 이 활동으로 우리 반 아이들은 청주를 사랑하게 되고 다른 동네 친구들이 오면 청주 관광지를 소개해줄 수 있는 진짜 청주 어린이 시민이 되었습니다.

## : 우리 동네를 순찰해요!

작년 4학년 아이들과 1학기 학부모 공개수업을 했습니다. 저는 사회 교과를 대학원에서 공부했기 때문에 배운 것을 활용한다는 마음으로 사회 수업을 준비했습니다. 주제는 '우리 지역의 문제 해결하기'였어요. 3, 4학년은 사회 시간에 우리나라 세계보다 작은 규모의 사회인 우리 동네, 우리 지역을 학습합니다. 어린이와 친숙한 곳에서부터 학습해야 교육 효과가 더 좋다는 '환경 확대법'의 원리를 적용한 것이죠.

수업 며칠 전에 아이들에게 간단한 과제를 내줬어요. '우리 동네에서 해결하고 싶은 문제 찾아보기'였습니다. 이 과제를 통해 아이들이 익숙한 우리 동네를 조금은 다른 눈으로 낯설게 바라보길 바랐습니다.

수업은 모둠원끼리 서로 자신이 조사해온 우리 동네 문제를 이야기해보고 우리 학급에서 해결하고 싶은 문제를 모둠에서 선정하게 했어요. 그리고 친구들 앞에서 선정한 문제와 이유를 발표하게 했죠. 아이들은 진지하게 친구 의견에 공감하고 반박하면서 토의를 진행했습니다. 발표 시간이 되었습니다. 모둠이 정한 문제는 '흡연 문제', '층간소음 문제'처럼 우리에게 익숙한 문제들도 있었고, '놀 곳이 없어요', '맛있는 음식점이 적다'처럼 웃픈 문제들도 있었습니다.

"우리 모둠이 정한 우리 동네의 문제는 위험하다는 것입니다."

한 모둠에서 우리 동네의 위험성을 발표했습니다. 저와 학부모님들은 유심히 들었죠. 여기저기에 위험한 물건들이 많이 버려져 있고 주차가 아무 곳에나 되어 있어서 사고가 날 위험성도 있다고 지적했어요. 아이들도 다른 모둠 발표 때마다 질문도 많이 하고 관심을 가졌어요. 지은이가 모둠 친구들에게 물었습니다.

"그럼 그 문제는 어떻게 해결할 수 있나요?"

역시나 문제를 찾는 건 쉽지만 어떻게 해결하느냐가 가장 어렵습니다.

"애들아! 오늘 수업에 우리 동네의 문제가 어떤 것이 있는지 잘 얘기해줬어. 그럼 다음 시간에는 우리 동네 문제 해결을 위해 우리가 할 수 있는 일을 찾아보자."

수업을 마치고 며칠 동안 저와 아이들은 우리 동네가 안전해지려면 어떻게 해야 할지 고민하기 시작했어요. 아이들은 일기에 자신이 생각하는 해결책을 쓰기도 했고 학급 온라인 플랫폼에 주말 동안 발견한 위험한 장면을 사진으로 찍어 친구들과 공유하기도 했지요. 다음날 쉬는 시간에 은우와 정연이가 제 앞에 왔어요.

"선생님, 저희 오늘 학교 앞 아파트에서 놀기로 했어요. 그리고 자전거 타고 동네 돌아다니려고요."

"그래? 자전거 탈 때 조심해. 동네 돌아다니면서 뭐하게?"

"그 사회 시간에 한 거 뭐더라? 우리 동네 문제 있잖아요. 그거 한 번 또 찍게요."

확실히 그날 수업 이후로 아이들에게 우리 동네 문제에 대한 관심이 생겼어요. 아이들끼리 놀다 가도 동네를 둘러보고 사진 찍는 습관이 생겼으니까요. 저는 그때 한 생각이 번뜩였어요.

"정연아, 오늘 수업 끝나고 아이들 몇 명이랑 선생님이랑 같이 우리 동네 순찰할까?"

"네? 순찰이요? 선생님이랑 함께 가는 거면 좋아요."

"너희가 선생님보다 이 동네를 더 잘 알잖아. 어디가 어린이들 다니기 위험한지도 알고."

"네, 좋아요. 그럼 친구들한테 말할게요."

저는 아이들 몇 명과 우리 동네 순찰을 하기로 했어요. 그래서 우리 동네 안전교육 자료를 만들어 보기로 했죠. 우리 동네 지도를 몇 장 인쇄하고 '위험해요'와 '좋아요' 카드를 각각 만들어서 챙겼습니다.

"얘들아, 이 카드를 한 장씩 들고 우리 동네에서 위험하다고 생각하는 곳에서는 '위험해요' 카드를 들고 사진 찍고, 반대로 안전하고 좋은 곳에서는 '좋아요' 카드를 들고 사진 찍는 거야."

저와 아이들은 우리 동네 곳곳을 두 시간 정도 돌아다녔어요. 학교 앞 도로에 무단횡단하는 아이들이 많다는 이야기를 듣고 그곳에서 사진을 찍고 상가 주변의 공터에 공사하고 남은 자재들이 있는 것을 사진으로 남겼습니다. 그리고 지도에 빨간색 동그라미를 쳐서 표시했죠.

그리고 친구들이 자주 가는 안전한 놀이터에서 사진 찍고 자전거 도로와 인도와 나뉘어 있는 공원에서도 '좋아요' 카드를 들고 인증샷을 찍었습니다. 아이들은 위험한 공간에서 자신이 경험한 일, 들은 일들을 저에게 이야기했고 지도를 보며 더 사진 찍을 곳이 많다며 저를 이끌었습니다.

아이들과 동네를 한 바퀴 돌아보니 배울 것이 참 많았어요. 생각보다 문 닫은 지하의 점포들이 많았고 가까이 가보지 않으면 모르는 작은 골목들도 많았습니다. 아마 어른들끼리 순찰했다면 그냥 지나갔을 어린이에게 위험한 곳들도 당사자인 어린이들이 함께 순찰하니 찾을 수 있던 것이죠.

아이들과 헤어지고 집에서 열심히 안전교육 자료를 만들었습니다. 처음에는 우리 반 아이들에게 보여주고 교육하는 것만 하려고 했는데 만들어놓고 보니 우리 학교 학생 모두 함께 보면 좋겠다고 느꼈어요. 그래서 사진과 지도, 아이들의 경험을 잘 정리해서 교육 자료를 만들고 모든 학급에 전달해서 함께 우리 동네의 위험한 곳과 좋은 곳을 알 수 있게 했어요. 저도 뿌듯했고 아이들도 정말 좋아했습니다. 아마 저

혼자 동네를 돌아다녔으면 빼먹는 것도 많고 좋은 자료를 만들기 어려웠을 것입니다. 어린이들은 정말 마법 같은 힘을 지녔어요. 우리 어른들의 역할은 그 마법 같은 능력을 밖으로 나오게 하는 것입니다.

# 7

# 우리의
# 끼를
# 뽐내요!

저는 학생자치를 참 좋아해요. 학급 회의를 통해 우리 반이 지켜야
할 규칙을 정하고 한 달에 한 번 바꾸는 자리 배치 방식도 결정하죠.
체험학습 때 조를 나누거나 학습 발표회 공연 종류를 결정할 때도 아
이들이 토의를 통해 결정하도록 합니다.

학생자치의 좋은 점은 어린이들이 직접 결정하기 때문에 큰 불만이
없다는 것이에요. 단순히 의견을 묻고 다수결로 정하면 소수의 의견을
낸 친구들이 불만을 제기하지만 의견이 결정될 때까지 긴 시간 동안 대
화를 나누고 조정하는 단계를 거치면 서로의 의견을 존중하고 배려하
는 마음을 가지게 됩니다. 그리고 아이들이 자신이 낸 의견으로 학급이

운영되는 것을 경험하게 되면서 자신감도 생기고 우리 반의 일을 우리 반 모두가 의견을 내서 결정하는 과정을 통해 소속감도 커지게 되죠.

### : 선생님! 할로윈 파티 해도 되나요?

작년 제자들과 학급 회의를 했는데 나림이와 다현이가 이런 의견을 냈어요.

"우리 반에서 할로윈 파티를 했으면 좋겠습니다."

뜨악! 저는 평생 한 번도 할로윈 파티를 해본 적이 없었어요. 가끔 놀이동산에 가면 호박 귀신 보이는 게 할로윈 파티구나! 라고 알고 있었죠. 그런데 여기저기서 할로윈 파티에 동의하는 의견이 쏟아집니다.

"할로윈 파티? 그거 어떻게 하는 건데?"

"선생님. 학원에서 지난주에도 했어요. 그럼 저희가 할로윈 파티 계획해도 돼요?"

저는 아이들이 할로윈 파티 경험이 있다고 하니 믿고 맡기기로 했습니다.

"그래? 알았어. 그러면 너희가 한 번 계획해 보고 어떤 요일에 하고 몇 시간이 필요한지 말해줘."

그렇게 아이들은 며칠 동안 할로윈 파티를 계획하기 시작했어요. 어떤 물건을 어디에서 살지, 학교에 와서는 어떤 활동을 할지 구체적으로 토의했습니다. 토의를 마친 아이들은 저에게 와서 수업 시간 중

두 시간을 달라고 하더라고요. 그래서 창의적 체험활동 시간 두 시간을 금요일 시간으로 조정해서 할로윈 파티를 하기로 했습니다.

금요일이 되어 드디어 할로윈 파티 시간이 됐습니다. 저는 집에서 미리 구매한 할로윈에 어울리는 영화 해리포터를 틀어줬어요. 뭔가 배경음악과 분위기가 필요했기 때문이죠. 파티를 준비한 아이들은 분주히 움직이기 시작했어요. 본인들끼리 사탕도 반 친구들에게 나누어주고 각자 사온 소품을 주고받고는 열심히 분장하기 시작했습니다.

"선생님, 저희 다 했어요. 이제 기념 촬영해주세요!"

얼굴에 열심히 페인팅한 친구, 만화 속 캐릭터로 분장한 친구, 서양식 드레스로 옷을 입은 친구, 박쥐 머리띠와 막대를 들고 있는 친구까지 파티 분위기를 제대로 냈습니다. 저는 아이들의 개인 사진을 찍어주고 아이들이 좋아하는 포즈로 단체 사진을 찍어줬어요. 아이들의 변신은 정말 대단했습니다. 40분이라는 짧은 시간 동안 한 거라고는 믿기 힘들 정도였으니까요. 제가 미술 수업으로 할로윈 분장하기 활동을 준비했다면 아마 이런 작품들이 안 나왔을 것 같아요.

아직도 그때 할로윈 분장을 한 아이들의 사진을 보면 저도 모르게 웃음이 나옵니다. 생각해 보면 그때 아이들에게 이렇게 해라, 저렇게 해라 어떤 개입도 하지 않았거든요. 그래서 더 재밌고 훌륭하게 할로윈 파티를 한 것인지도 몰라요. 아이들은 자신이 원하는 걸 어른의 간섭 없이 스스로 할 때 그들만의 특별한 능력을 잘 발휘하는 것 같습니다.

## : 우리의 끼를 뽐내요!

3월 마지막 주 월요일 아침에 아이들에게 통보했습니다.

"얘들아, 이번 주 금요일에 장기자랑 할 거니까 준비해!"

갑작스러운 장기자랑 소식에 몇몇 아이들은 투덜대기 시작합니다. 민창이가 결국 저에게 불만을 말했습니다.

"네? 저 장기자랑 안 할래요. 갑자기 이번 주에 장기자랑을 어떻게 해요?"

"민창아! 너 스마트폰 게임 잘한다며. 그거 한 번 보여줘. 그리고 장기자랑이긴 하지만 잘하는 것이 아니어도 괜찮아. 친구들 앞에 나와서 무엇이든 한 번 보여주는 게 제일 중요한 거니까."

아이들은 제가 장기자랑을 통보했을 때보다 게임을 보여줘도 된다는 말에 더 놀란 것 같았습니다. 아마 장기자랑이라고 하면 노래, 악기 연주, 댄스 등의 멋진 무대를 떠올렸을 테니까요. 그런데 제가 게임을 해도 괜찮고 어떤 것이든 못 해도 좋으니 시도하는 게 중요하다고 하니 아이들은 놀란 것입니다.

월요일부터 목요일까지 '우리 반 장기자랑 신청서'를 칠판에 붙여놓고 작성하게 했어요. 처음 월요일과 화요일에는 별로 채워지지 않던 신청서가 목요일이 되니 거의 다 채워졌습니다. 종류도 다양했어요. 역시나 스마트폰 게임을 소개하고 직접 하는 팀이 있었고 짧은 시간 안에 친구들이 요청하는 그림을 그려주고 그 그림을 선물로 주는 장기를 보여주는 친구도 있었습니다. 또 여학생들은 팀을 나눠 아이돌 댄스 공연을 했어요. 리코더 합주를 보여주는 팀, 2단 줄넘기를 보여주는 팀, 퍼즐 맞추기를 하는 팀까지 정말 가지각색의 꽉 찬 우리 반 장기자랑이 펼쳐졌습니다.

저는 초임 교사 시절부터 월별로 또는 학기별로 꼭 아이들의 끼를 뽐낼 수 있는 시간을 갖는데요. 월별로 생일파티와 함께할 때도 있고 학기 말에 꿈끼 탐색 주간 활동으로 진행하기도 합니다. 아이들의 장기자랑을 보면서 놀란 건 아이들 스스로 자신의 능력을 보여준다는 점이었어요. 물론 내성적인 아이들은 끝내 참여하지 않을 때도 있고 하더라도 소극적인 모습을 보일 때도 있어서 제가 꼭 해야 한다고 잔소리를 하게 되지만 이런 아이들도 1년 동안 꾸준히 친구들의 무대를 보고 본인도 직접 참여해보면 자신감이 생겨서 좋은 무대를 보여줄 때도 많았습니다.

아이들의 끼를 제대로 발휘시키려면 조심해야 할 것이 있어요. 일단 많은 어린이가 참여하게 하려면 선생님도 함께 참여하는 것이 좋아요. 저는 아이들 앞에서 노래 부르는 것을 워낙 좋아해서 항상 첫 무대나 마지막 무대를 제가 꾸미거든요. 선생님도 장기자랑에 참여하면서 아이들에게 참여를 유도하면 훨씬 설득력이 생기겠죠.

또 아이들이 못 해도 괜찮다고 격려하는 학급 문화를 만드는 것도 중요합니다. 그건 선생님부터 솔선수범하는 것이 좋겠죠. 아이들이 직접 반 친구들과 선생님 앞에서 무언가를 보여준다는 것 자체만으로도 큰 의미가 있는 것이니까요. 그래서 스마트폰 게임도 장기자랑으로 허용해준 것입니다. 게임을 3월에 장기자랑으로 보여주고 다음 달에는 다른 친구들과 다른 무대를 준비합니다. 참 기특하죠.

아이들은 자신의 공연을 준비하고 공연하면서 배우는 것도 많지만 친구들의 무대를 관람하면서 배우는 것도 많아요. 친구들의 멋진 공연을 끝까지 집중해서 보고 환호와 박수로 격려하는 관람 문화를 배우게 되고 그 친구의 노력을 존중하고 이해하는 공감 능력도 기르게 됩니다.

# 4부

# 선생님은
# 이런
# 생각을
# 해요

# 1

# 제자가 준
# 축의금 천 원,
# 선생님의
# 반성

6년 전에 사랑하는 사람을 만나 결혼식을 치르고 정식으로 부부가 되었습니다. 저를 축하해주러 멀리서 직접 와주신 분들도 계시고 사정이 생겨 못 오신 분들은 다른 분들을 통해 마음을 대신 전달해주시기도 했지요.

이 분들에 대한 감사한 마음을 앞으로 차곡차곡 보답하기 위해서는 절대 잃어버리면 안 될 것이 있습니다. 바로 '축의금 기록부'이지요. 결혼한 후 한 해 두 해 지나다 보니 결혼이나 돌잔치같이 좋은 소식도 있지만 가족을 여의는 안타까운 소식도 함께 듣게 되어 나이가 들수록 부조를 위해 이 기록부를 많이 보게 되는 것 같습니다.

"이번에 대학 동기 결혼하는데 축의 얼마나 해야 하지?"

"우리 결혼식 때 축의금 얼마 했는지 봐볼게. 5만 원 했네."

"요즘 밥값만 3만 원이 넘어. 둘이 가는데 5만 원이면 될까?"

"5만 원? 혼자 가면 몰라도 둘이 가는데 10만 원은 해야 하는 거 아니야?"

결혼식 전날이면 어김없이 오가는 저희 부부의 대화입니다. 사실 축의금의 원래 의미는 결혼을 축하한다는 의미에서 주는 돈이지만 최근에는 그 의미가 많이 변화하는 것 같습니다. 일종의 사회생활의 일부가 되어버린 느낌이었습니다.

또 축의금에 관해서 나름의 규칙도 생겼죠. '나에게 축의금을 준 사람에게는 축의금을 주고 그렇지 않은 사람은 주지 않는다', '완전 가까운 사람은 10만 원, 조금 가까운 사람은 5만 원, 그냥 지인은 3만 원' 이런 식으로 규칙을 만들어놓는 겁니다.

이런 규칙이 자칫 보면 합리적인 것으로 보이지만 반대급부가 필요하다는 점과 돈을 기준으로 친교를 설명한다는 점에서 자본주의의 황금만능주의와 지나친 합리성이 우리의 일상생활 속까지 깊숙하게 박혀 있음을 보여줍니다.


## : 제자가 준 축의금과 편지

며칠 전 '축의금 기록부'에 적어놓지 못했던 소중한 축의금과 한 통의 편지를 발견했습니다. 바로 6년 전 제가 담임을 했던 제자 준형이의 편지와 축의금 천 원이었습니다. 오랜만에 아내와 함께 이 편지를 읽으니 새삼스레 준형이와 함께 보냈던 추억이 떠오릅니다.

결혼하던 해에 저는 다른 초등학교로 옮기게 되었습니다. 그 당시 제자들은 그 학교에 전근 간 후 처음 만나게 된 아이들이었고 제가 결혼한 달이 학기가 시작하고 딱 3개월이 지난 6월이었기 때문에 저와 제자들이 서로를 완벽히 알지는 못하는 탐색의 시간이었습니다. 그런지라 제 결혼 소식에 대해 아주 뒤늦게 알리게 되었지요.

결혼식 전날이었던 것 같습니다. 당연히 제자들에게 무엇을 바라고 알린 것이 아니었고 결혼 후 신혼여행을 가서 일주일간 제가 아닌 다른 선생님과 수업하게 되니 선생님이 보고 싶어도 참으라는 농담 섞인 말과 함께 소식을 알리게 되었습니다.

결혼식 이후 특별휴가를 마치고 일주일 만에 학교에 출근한 첫 날이었습니다. 아침이 되면 우리 반 제자들은 현관 앞에서 저를 기다리곤 했는데요. 평소 안 보이던 준형이가 오늘은 친구들과 같이 나왔습니다. 교실에 친구들과 다 같이 올라왔는데 준형이가 자리에 앉지 않고 저에게 쭈뼛쭈뼛 다가오는 것이 보입니다.

평소 집에서 생긴 일이나 친구와 있었던 일을 저에게 가감 없이 재잘거리는 귀여운 아이였는데 그날따라 뭔가 부끄러운지 제 눈치를 슬슬 보는 것이었습니다. 제 앞으로 다가온 주영이가 여러 번 접어 꾸깃꾸깃한 편지를 건네주며 말했습니다.

"선생님, 제가 모은 돈이에요. 결혼 축하드려요. 제 일주일 용돈이랑 축하 편지예요."

특별휴가로 다녀온 신혼여행 기간이 딱 일주일이었는데 준형이가 제가 결혼한다는 말을 듣고 지난주에 부모님께 받은 일주일 용돈 천 원을 한 푼도 쓰지 않고 제 결혼을 축하해주기 위해 모아 두었다가 저에게 준 것이었습니다.

저는 준형이의 진심 어린 축하의 마음에 감동했습니다. 물론 그 돈을 받고 제 지갑에 있는 더 빳빳한 천 원짜리를 돌려주었지만 준형이가 준 편지 속에 접혀 있던 꾸깃꾸깃한 천 원짜리 지폐 한 장은 무엇보다 소중한 제 보물이 되었지요.

그 돈은 6년이 지난 지금까지도 쓰지 못하고 작은 상자에 고이 보관하고 있습니다. 준형이가 진심을 담아 저에게 준 편지와 축의금은 제 머리가 아닌 가슴 속에 잊히지 않고 앞으로도 생생하게 남아 있을 것 같습니다.

## : 단순한 '돈'이 아닌 진정 어린 축하를 담은 '축의금'을 전달하자

축의금이나 조의금 같은 부조금은 우리 조상들이 서로 힘든 일을 번갈아 도우면서 시작된 전통문화 중 하나입니다. 저는 수업과 일상생활을 통해 아이들에게 진심 어린 축하의 중요성에 대해 말해왔지만 정작 저 자신은 진심 어린 축하가 무엇인지 잊고 살아온 것 같습니다.

오랜만에 꺼내 본 준형이의 편지와 축의금을 보면서 제가 전달했던 축의금과 조의금이 당사자들의 큰 경조사에 힘이 되어주는 진정한 의미의 부조였는지를 반성하게 되었습니다. 제자의 진심 어린 마음이 반성의 시간을 준 것이지요.

얼마 전에 다녀온 친구 아들의 돌잔치에서 제가 건넨 하얀 봉투는 아이의 생일을 축하하고 앞으로 아이를 키우는 데 보탬이 되고자 하는 진정한 의미의 '축의금'이었을까요? 아니면 '내지 않으면 면이 서지 않는다', '나에게 축의금을 줬으니 나도 줘야지'와 같은 계산적인 의미를 갖는 단순한 '돈' 그 자체였을까요? 앞으로 가는 경조사는 준형이의 따뜻한 마음을 생각하며 저 역시 진실한 의미의 부조를 하도록 노력해야 겠습니다.

# 2

# 고개 숙인
# 교사들,
# '교사가 행복해야
# 학생도 행복하다'

'교육의 질은 교사의 질을 넘을 수 없다.'

너무나 상투적인 표현일지도 모르겠습니다. 교사를 양성하는 교육대학이나 사범대학을 나온 사람은 물론, 일반적인 교육에 관심이 있는 사람이라면 이 말에 대해 한두 번쯤은 들어봤을 것입니다. 교육의 내용과 방법이 아무리 훌륭할지라도 그것을 완성하는 것은 교사이며 교사가 밝은 기운으로 학생들과 함께 수업할 때 가장 좋은 수업이 나옴을 말해주고 있는 명언이지요.

미래사회를 이끌어나갈 인재를 만들어내는 데 교육이 가장 중요한 역할을 한다고 봤을 때 그 교육의 가장 핵심적인 주체인 교사가 사회적으로 어떤 위치에 존재하고 교사에게 필요한 자질이 무엇인가에 관한 문제는 그 사회의 지속가능성 여부를 결정지을 만한 중요한 문제입니다.

2020년 대한민국에서 교사는 어떤 존재일까요? 교육이 나라의 발전에 기여하고 있는 바와 공교육의 중요성에 대해서 거의 모든 사람이 공감하고 있지만 일선 현장에서 교육을 완성하고 있는 교사들에 대한 사회적 시선이 곱지만은 않은 것 같아 안타깝습니다. 또 당사자인 교사들도 여러 걱정과 불안감으로 하루하루를 힘들게 버텨가고 있는 것이 현실이고요.

특히 2018년 5월은 교사들에게 너무나도 힘든 시기로 기억될 것 같습니다. 스승의 은혜를 기리는 스승의날(5월 15일)이 있는 달이어서 교사들이 행복하고 자신감을 가지고 아이들을 교육해야 하는 시기임에도 불구하고 5월에 있었던 교사와 관련된 여러 사건은 자신의 본분을 다하여 성실하게 제자들을 지도하는 교사들에게 여러모로 씁쓸함을 많이 남겨주었습니다.


: '내가 선생님에게 들었던 가장 충격적인 말은?', 왜 하필 스승의
    날에…

MBC 라디오 프로그램 〈2시의 데이트 지석진입니다〉가 스승의날을 맞아 '내가 선생님에게 들었던 가장 충격적인 말은?'이라는 주제를

선정해 사연을 모집하고 방송을 진행했습니다. 또 그 사연들을 읽어나가며 웃음을 보여 많은 교사에게 적지 않은 충격을 안겨주었죠. 다른 날도 아닌 스승의날에 이런 주제를 제안하다니. 하루하루 열심히 아이들을 위해 자신의 소임을 다하는 교사에게 큰 상처를 주었습니다.

또 이 시기는 교권 추락으로 교사에 의해 '스승의날 폐지'가 청와대 국민청원에 올라올 만큼 교사들의 사기가 떨어지는 상황에서 이 라디오 프로그램의 주제 선정은 교사들에게 더 안타까울 수밖에 없었습니다. 만약 어버이날에 '내가 부모에게 들어본 가장 충격적인 말은?'이라는 주제로 프로그램이 진행되었다고 가정하면요….

물론 그만큼 '상처 주는 말을 많이 한 교사들이 문제이다'라고 말씀하시는 분도 계시겠지만 사실 교육 현장을 보면 열심히 수업을 준비하고 진행하며 따뜻한 말과 행동으로 학생들의 미래를 응원하는 '참스승'도 그에 못지않게 많습니다. 최소한 스승의날은 선생님들의 좋은 부분을 함께 나누어 교사의 사기를 올려주어야 하는 것이 아닐까요?


## : 대구 현장 체험학습 교사 벌금형… 과도한 교사의 책임

스승의날 3일 후인 2018년 5월 18일에는 또 한 번 교사들을 힘들게 하는 기사가 소개되었습니다. 체험학습에 가던 중 6학년 학생을 휴게소에 남겨둔 교사가 아동복지법 위반 혐의로 기소되어 벌금형이 선고된 것입니다. 이번 사건에서 교사가 아무 잘못도 저지르지 않았다고 볼 수는 없죠. 하지만 상황 자체가 너무나 큰 돌발 상황이었고 교사가 고의로 아이를 위험에 빠뜨리려고 한 것이 아니기 때문에 교직을 떠나야 한다는 판결은 정말 이해할 수 없다는 점입니다. 물론 이후 항소심에서는 선고유예 판결을 받아 최악의 경우는 막았지만 교사들에게 큰 부담을 준 것은 사실입니다.

사실 체험학습은 교사에게 많은 책임과 걱정을 주는 행사입니다. 수학여행이나 수련회 등 일정이 긴 경우에는 학급 당 인솔 교사가 두 명이 갈 때도 있지만 당일치기 체험학습 같은 경우 일반적으로 교사 한 명이 한 반 전체, 약 20~25명 정도를 홀로 인솔할 때가 대부분이죠. 우리는 초등학생 어린이 두 명의 자녀와 부모가 멀리 여행을 가도 그리 쉬운 일이 아니라는 것을 너무나도 잘 알고 있습니다.

더군다나 대구에서 천안의 독립기념관까지 가는 먼 여정을 버스로 이동한다면 그 부담감은 더욱 심해질 수밖에 없죠. 교사는 아이들의 안전지도, 건강 상태 확인, 체험학습 장소에서의 여정, 학교 관리자와의 소통 등 다양한 상황에 홀로 대응해야 합니다. 이러한 구조 속에서 고속도로를 달리는 상황이라면 아이 한 명이 아프거나 멀미를 하는 긴박한 상황이 발생하더라도 안전 문제 때문에 쉽게 버스를 멈추고 사태를 해결하는 것은 교사 마음대로 되는 일이 아닙니다. 저도 매년 아이들과 체험학습을 가지만 아무리 주의 사항을 이야기하고 휴게소나 출발 전·후에 화장실을 갈 수 있도록 안내해도 다급한 상황을 모두 막을 수는 없습니다.

이 뉴스가 보도된 후, 교사들에게는 일명 '체험학습 공포'가 찾아왔습니다. 왜냐하면 제가 가르치고 있는 우리 반에서도 이런 일이 일어나지 말라는 법이 없으며 현장 체험학습에서 발생하는 모든 안전사고가 고스란히 그 책임을 담임교사가 떠안아야 하는 구조가 자리하기 때문입니다. 선생님과 학생 모두 즐거워야 할 '행복한 소풍'이 이제는 '공포의 소풍'이 되어버린 현실이 교사로서 너무나 서글픕니다.

## : 교사의 자존감 회복을 위해 모든 교육 주체가 함께 노력해요

'교사가 행복해야 학생도 행복하다.'

초등학생부터 고등학생까지의 아이들은 자신의 일상생활 중 절반 정도 되는 시간을 학교에서 보냅니다. 그만큼 학교생활이 삶에서 정말 중요한 부분을 차지하게 되며 매일 만나는 친구와 담임교사는 가장 의미 있는 타인이 됩니다. 특히 초등학교는 거의 모든 과목을 담임선생님이 가르치는 시스템이고 쉬는 시간에도 항상 선생님과 아이들이 함께 같은 공간에서 생활하기 때문에 학교생활 중 담임선생님의 비중은 절대적일 수밖에 없습니다.

우리 아이들에게 의미가 큰 담임선생님이 교실 안에서 불행하다면 어떨까요? 아마 우리 아이도 학교에 있는 시간이 그리 행복하지는 않을 것입니다. 그만큼 교사의 행복은 교사 자신뿐만 아니라 반의 아이들, 그들의 부모들과 주변 가족까지 많은 사람에게 큰 영향을 준다는 점을 기억해야 합니다.

　이미 2018년 5월은 지나갔습니다. 많은 선생님이 여러 사건으로 상처받았지만 '교사가 행복해야 학생도 행복하다'라는 말을 한 번 더 되새기며 선생님 스스로 힘을 내야만 합니다. 또 체험학습이나 학교 행사에서 일어나는 다양한 사건, 사고에 대해 무조건 선생님에게 모든 책임을 지게 하는 것이 능사가 아님을 사회 구성원들도 인식해야 하고 이것에 대해 학교 교육의 또 다른 주체인 학교, 교육청, 학부모, 지역사회가 힘을 합쳐 발생한 문제를 긍정적으로 해결할 수 있는 다양한 방법을 모색해야 할 것입니다.

# 3

# 숙제
# 면제
# 쿠폰의
# 부작용?


"선생님, 반 아이들이 너무 소극적이라 활동을 제대로 안 해요. 이제는 스티커 주고 사탕 주고 모둠 점수 올려주는 것도 통하질 않아요. 어쩌죠?"

"음…. 원래 주다 안 주면 아이들이 잘 안 하려고 해요. 또 먹는 거나 선물은 질리잖아요. 제가 하는 것처럼 주는 대신 빼주는 걸 해 봐요. 우리 예전에 대학에서 교육심리학 시간에 배운 거 있잖아요. 활동 잘하면 숙제나 청소를 빼주거나 그 애가 싫어하는 활동 하나를 안 해도 되는 쿠폰 같은 거 쓰면 바로 통할 걸요."

몇 년 전 근무했던 학교에서 학년 부장 교사를 하면서 젊은 후배 선생님들과 아이들 심리에 대해 많은 이야기를 나눴습니다. 초등학교 시기 아이들의 특성상 활동에 집중하는 시간이 짧을 수밖에 없고 담임교사 한 명이 거의 모든 과목을 진행하다 보니 똑같은 수업 방식에 지루함을 느끼는 아이들이 많아졌습니다. 그래서 아이들의 수업에 대한 적극적 참여를 독려하는 문제는 언제나 선생님들의 고민거리였습니다.

## : 학습자의 적극적인 참여를 위한 방법

2017년부터 2년간 잠시 현장에서 떠나 모교 대학원에서 교육학을 다시 공부할 기회가 생겼습니다. 이 2년이라는 시간 동안에는 현장에서 한 걸음 나와서 저의 교직 생활을 반성하는 시간이 참 많았습니다. 특히 3학기에 수강한 교육심리학 강의에서는 아이들과 교사의 미묘한 행동의 원인과 수업 동기부여, 학습 과정 등과 관련된 다양한 주제를 접했습니다. 지금까지 교사 생활을 하면서 아이들과 경험한 일 중 많은 것들이 잘못된 것이라는 걸 깨닫게 되었습니다.

저는 교실에서 반 친구들과 수업할 때 아이들이 흥미를 느끼고 적극적으로 활동에 참여할 수 있도록 다양한 방법을 시도했습니다. 이때 주로 썼던 방법이 '강화reinforcement'인데 어떤 행동을 하도록 무언가를 주거나 제거해주는 행위를 말합니다. 좀 더 일반적인 표현으로 쓰자면 보상을 주는 것을 의미하죠. 이러한 강화는 정적 강화와 부적 강화의 두 종류로 나뉘게 됩니다.

먼저 정적 강화는 학습자들이 어떤 행동을 더 많이 할 수 있도록 무언가를 주는 것을 의미합니다. 예를 들어 학습정리 퀴즈를 내서 정답을 맞힌 아이들에게 스티커를 주고 스티커를 모으면 상품을 주는 것이라든지 학기 말에 숙제를 모두 해온 친구를 칭찬하기 위해 '성실상', '근면상'을 주는 것이 정적 강화의 대표적인 예입니다.

반면에 부적 강화는 정적 강화와 반대로 아이들이 하고 싶지 않은 무언가를 제거해주는 것을 의미합니다. 예를 들어 수학 문제를 모두 해결한 학습자에게 숙제하고 싶지 않을 때 안 할 수 있는 쿠폰을 준다든가 수업 시간 모둠 활동을 할 때 가장 적극적으로 참여한 모둠은 청소 당번을 빼주는 것이 부적 강화에 속하는 것이죠.

저는 초임 교사 시절에 주로 정적 강화를 많이 해왔습니다. 아이들에게 먹을 것을 주거나 상품을 주면 효과가 바로 와서 좋았고 아이들에게 선물이나 상장을 줄 때는 뿌듯함을 느꼈기 때문입니다. 하지만 정적 강화는 교사의 노력 없이는 결실을 이루는 것이 어려웠습니다. 매번 보상으로 사탕이나 초콜릿을 주다 보니 그것을 좋아하는 아이들 빼고는 흥미가 떨어지기 시작했고 먹을 것이 아닌 상장이나 문구류를 줘도 모든 아이를 만족시킬 수는 없었습니다. 이런 것이 계속 반복되다 보니 교사인 저도 지쳐서 다른 방법을 찾을 수밖에 없었습니다.

그때 발견한 방법이 바로 부적 강화였습니다. 활동에 잘 참여하는 아이들에게 청소를 빼주고 일주일에 세 번 쓰는 일기 중 한 편을 안 쓸 수 있는 권리를 부여한 것이죠. 또 체험학습에 가는 주가 되면 그 전주에 가장 성실하게 수업에 참여한 아이에게 귀찮을 수 있는 체험학습 학습지 작성을 안 해도 되는 쿠폰을 줬습니다. 이 방법은 너무나도 잘 통했습니다. 아이들은 사탕을 하나 먹는 것보다 청소를 안 하고 집에 빨리 가는 것을 원했고 일기 한 편을 쓸 시간에 집에서 게임을 하면 더 좋을 것으로 생각해서 일기 면제 쿠폰을 얻으려고 수업에 적극적으로 참여한 것이죠.

심지어 교사인 저도 매우 편했습니다. 정적 강화는 교사인 제가 아이들에게 무언가를 주기 위해 간식이나 상품을 항상 준비해야 했고 개인 점수나 모둠 점수를 줄 때 체계적으로 관리하는 노력도 필요했습니다. 제 성격이 꼼꼼하지 못한 탓에 점수에 도달했는데 쿠폰을 미리 준비하지 않고 넘어가거나 처음에 계획했던 것과는 다르게 상품을 주는 경우도 많았죠.

하지만 부적 강화는 아이에게 줄 강화물을 준비할 필요도 없었고 체계적인 계획과 관리보다 기분이 내킬 때 쿠폰만 주면 되는 것이라 선생님인 저 역시도 편할 수밖에 없던 것입니다.


## : 교육심리학 강의를 통해 얻은 뜻밖의 교훈

제가 쓰는 부적 강화의 방법이 교사도 편안하고 학생도 즐거운 'WIN-WIN'의 유익한 방법이라고 느꼈습니다. 하지만 교육심리학 수업에서 강화에 대한 강의를 듣고 난 후 이 교육 방법에 대해 반성할 수밖에 없었습니다. 제가 사용했던 부적 강화가 교사는 편할지 몰라도 학습자에게는 '0'이 되는 방법이었던 것이죠.

"아이들이 의미 있게 한 가지 활동을 하게 하려고 부적 강화를 쓰게 되면 그 아이는 또 다른 의미 있는 활동 한 가지를 할 수 있는 기회를 잃어버려요. 즉 1-1=0이 되는 거죠."

교육심리학 교수님의 말에 뒷머리를 한 대 맞은 것 같은 느낌이 들었습니다. 저는 아이들에게 '0'이 되는 교육 방법을 써왔고 심지어 다른 선생님들께도 이 방법을 적극적으로 추천했다고 생각하니 씁쓸했습니다. 아이들에게 주었던 '면제 쿠폰'의 대상은 모두 의미 있는 교육 활동이었거든요.

어린이들의 일상생활을 기록하는 일기를 통해 교사가 아이를 이해할 수 있고 아이들도 자신의 하루를 되돌아보는 시간을 갖습니다. 또 청소를 통해 책임감과 협동심, 나아가 본인이 사용하고 있는 장소에 대한 애착이 생기기도 하며 체험학습에서 작성하는 학습지는 아이들에게 단순한 학교 밖의 공간인 박물관과 유물, 유적지를 의미 있는 배움의 장소로 만들어줍니다. 그런데 이런 의미 있는 교육 활동을 못 하게 하는 것을 상이라고 주고 있었다니…. 저의 편안함을 위한 행동이 아이들의 교육 기회를 앗아갔다는 것에 부끄러움이 밀려왔습니다.

"그런데 정적 강화는 교사가 노력해서 의미 있는 강화물을 제공하면 부적 강화와는 다르게 1+1이 될 수 있어요. 원하는 활동도 할 수 있고 아이들에게 의미 있는 보상도 줄 수 있습니다."

수업이 끝나고 교수님이 강의에서 말씀하신 '교사가 노력해서'라는 말이 머릿속에 자꾸만 맴돌았습니다. 강의를 통해 얻은 교훈은 되도록 부적 강화를 쓰지 않아야 한다는 점과 더불어 제가 선생님이 되어 처음 교육을 시작했을 때의 진심 어린 마음을 잊은 채 살고 있었다는 것이었습니다.

## : 초등학교 교실에서 1+1이 되는 교육을 위한 팁

정적 강화에서 가장 중요한 것은 학습자에게 의미 있는 강화물을 만드는 것입니다. 강의를 듣고 초임 교사 시절을 떠올려 보기로 했습니다. 그때 교육에 대한 열정을 다시 기억하고 싶었기 때문입니다.

예전에 수업했던 학습 자료도 뒤져보고 활동했던 사진들도 찾아보면서 제가 사용한 '의미 있는 강화물'에 대한 기억을 더듬어 보았습니다. 역시나 교사 생활을 돌아보니 '1+1이 되는 교육'을 위한 다양한 활동들을 새록새록 기억해낼 수 있었습니다. 교사로서 경력이 쌓이면서 학교 업무에 지치고 아이들, 학부모와의 관계 속에서 여러 일을 경험하고 해결해 나가면서 그 시절의 저를 잊고 있던 것뿐이죠.

초등학교 교실에서 1+1의 교육 효과를 낼 만한 팁 세 가지를 소개하겠습니다. 이 방법을 통해 조금이나마 아이들의 참여, 의미 있는 교육 활동을 고민하는 교육자 또는 학부모님들께 도움이 되었으면 합니다.

1. 적극적인 발표 또는 경청에 대한 보상으로 친구들의 발표를 듣고 심사위원이 되는 기회를 준다.

— 이 방법은 주로 고학년(5, 6학년) 국어, 사회, 도덕 등의 발표 수업에 적용하기 쉽습니다. 발표 수업의 가장 큰 문제는 아이들이 자신이 발표할 때가 지나가면 다른 친구들의 발표를 잘 듣지 않는다는 것입니다. 따라서 심사위원이 되어 친구의 발표를 듣고 감상평을 말하게 하면 자연스레 친구들의 발표를 열심히 듣게 되고 조리 있게 말하려고 노력하게 됩니다(당시 가수 오디션 프로그램이 유행해서 아이들 사이에서 심사위원에 대한 동경이 매우 컸습니다).


2. 숙제나 학습지 등을 성실하게 작성했을 때 일일 청소반장 또는 일일 급식 반장 역할을 부여한다.

— 이 방법은 중학년(3, 4학년) 아이들에게 매우 요긴하게 사용할 수 있습니다. 이 시기 아이들에게 근면과 성실은 사회성 발달의 요소로서 매우 중요하게 작용하기 때문에 청소할 때 무임승차를 하거나 식사 시간에 질서를 잘 지키지 않는 행동을 하는 아이와 성실한 아이들 간의 마찰이 자주 생기게 됩니다. 상대적으로 성실함이 부족한 친구들에게 청소 반장이나 식사 반장 역할을 부여한다면 근면성을 가진 아이들의 행동을 유심히 관찰할 수 있고 '반장'이라는 역할에 대한 책임감이 생겨 자신도 청소를 잘하려고 노력하고 식사 시간에는 질서를 잘 지키려고 노력하게 됩니다.

3. 수업 활동에 집중력 있게 참여하고 친구들을 잘 배려하는 학습자에
   게 담임교사와 '일일 식사권' 또는 '일일 산책권'을 준다.

　— 이 방법은 '교사' 그 자체가 아이들에게 강화물이 되는 것입니다.
아이들이 교사와 함께 있는 것을 행복해할 때만 효과를 발휘하게 되
죠. 그러므로 어느 정도 아이들과 라포가 형성되는 2학기 이후에 사용
하는 것이 좋습니다(만약 아이들이 선생님을 무서워하거나 별로 좋아하지 않는다면 벌
이 될 수도 있으므로 조심해야 합니다).

　특히 공개적으로 말하는 것을 부담스러워하는 소극적인 아이에게
이 방법을 사용하면서 아이와 상담할 수 있는 시간을 갖게 되어 그 아
이를 조금이라도 잘 이해할 수 있고 아이를 칭찬할 수 있는 충분한 시
간을 보장받을 수 있습니다.

# 4

# 8년 만에
# 다시 만난
# 캠퍼스의
# 봄

2005년 봄, 한국교원대학교 초등교육과에 입학하여 초등교사가 되기 위한 꿈의 날개를 펼쳤던 때가 엊그제 같습니다. 그때는 왜 그리 욕심이 많았는지 정말 쉼표 없이 다양한 경험을 하며 시간을 보냈던 것 같아요. 부모님으로부터 독립하고 싶은 마음에 아르바이트와 근로 장학을 함께하고 초등교육과 수업도 버거우면서 중등교사 자격증도 따고 싶다고 일반사회교육 복수 전공을 신청했습니다.

또 무슨 바람이 들었는지 군대는 돈도 벌면서 장교로 멋지게 갔다 오고 싶다고 학군단에도 지원하면서 정말 4학년 2학기까지 쉼 없이 달렸던 것 같습니다. 바둑에서 사용하는 용어 중에 '벌림'과 '굳힘'이라는 표현이 있는데요. '벌림'은 바둑 초반에 자신의 영토(집)를 넓히기 위해 돌을 분산시키는 것을 의미하고 '굳힘'은 바둑 중반 이후에 자신의 영토(집)를 단단하게 지키기 위해 바둑돌을 연결하는 것을 말합니다. 저의 대학교 학부 시절에는 '벌림'만 있고 '굳힘'은 없었던 것 같습니다. 이것저것 벌리기만 하다 보니 초등 임용 고사 합격과 장교 임관은 해냈지만 결국 일반사회교육 학점 이수를 하지 못하고 실패했거든요. 나중에 든 생각이지만 대학 시절 저에게는 '굳힘'의 시간이 필요했던 것 같습니다.

## : '미생'에서 '완생'으로?

저는 어릴 적부터 바둑을 거의 유일한 취미이자 특기로 생각하고 지금도 꾸준히 취미로 즐기고 있습니다. 인생과 바둑은 참 닮은 점이 많다고 생각하는데요. 그중 가장 좋아하는 바둑 용어가 바로 '미생'과 '완생'입니다. 미생은 바둑돌이 서로 다른 두 집을 내어 완전히 살아 있는 상태가 아닌 생사가 불안정한 상태의 돌들을 의미하죠. 반대로 완생은 서로 다른 두 집이 생겨서 상대방이 어떤 공격을 하더라도 죽지 않는 돌을 의미합니다. 바둑을 두는 내내 어느 한구석에 미생이 있으면 그 바둑은 정말 피곤해집니다. 신경도 많이 쓰이고요. 그러다가 미생이 완생이 되면 마음이 편안해져서 바둑을 두는 눈이 넓어지게 되죠.

교사로 6년간 근무하면서 2016년에 모교인 교원대 특별전형 석사

과정에 응시했습니다. 학부 때부터 석사 파견 선배들이 참 부러웠습니다. 교직 생활을 어느 정도 하다가 부족한 것을 느끼고 더 공부하기 위해 다시 대학원에 온 것이니까요.

저도 대학원에 진학하기 위해 정말 열심히 공부했습니다. 제가 교사로서 '미생'이라고 느꼈기 때문입니다. 대학원에 들어가 교육에 대해 2년 동안 더 공부하면 부족한 걸 채울 수 있을 것 같았거든요. 퇴근해서 집에 돌아간 후 밤 10시까지 집 앞 시립도서관에서 대학원 시험 공부를 했습니다. 오랜만에 글을 읽고 내용을 정리하며 머리를 쓰니 정말 힘들더군요. 나이는 속이기 힘드니까요.

정말 다행히도 그해 바로 결실을 이루었습니다. 11월 영광의 합격 소식이 저에게 찾아온 것입니다. 그때는 합격하고 대학원만 가면 교사로서의 뭔가 부족함, 답답함을 바로 해결하여 선생님으로서 '완생'이 될 수 있을 것 같은 기분이 들었습니다. 또 교사 생활을 하면서 좋은 관계의 부모님과 제자들, 동료 교사들을 많이 만났지만 갈등으로 힘든 적도 많았기에 재충전의 시간을 가질 수 있다는 생각에 더 기뻤습니다.

되돌아보면 2011년부터 2016년까지 6년간 저의 교직 생활은 정말 불완전한 '미생' 그 자체였습니다. 첫 신규발령 해에는 여교사에게 폭력적으로 대하는 6학년 학생을 2학기 때부터 맡아 '갱생'의 길로 안내했고 다음 해에는 교직 경력 1년도 채 안 된 상태에서 53학급의 체육부장 교사 직책을 맡아 수영부, 육상부, 스포츠클럽 등 과중한 업무에 시달렸습니다. 어떤 해에는 도저히 받아들일 수 없는 민원을 제기하는 학부모님과 진통을 겪기도 했는데요. 어떤 날은 과한 음주 상태의 학부모와 전화 통화를 해서 듣고 싶지 않은 말을 듣기도 했습니다. 이러한 '미생'으로서의 교사의 삶을 살면서 나에게 한 줄기 희망은 바로 아이들과 함께하는 수업 시간이었습니다. 그중에서도 바로 사회 수업 시간이었죠.

평소 사회 교과에 관심이 많던 저는 아이들과 다양한 체험 위주의 수업을 하고 민주적인 토론을 하면서 정말 보람찬 수업을 했습니다. 저에게 사회과 수업은 '신의 한 수'였고 '묘수' 그 자체였습니다. 그 '신의 한 수'가 한 수가 아닌 여러 수가 되어 '완생'이 되기 위해 저는 대학원 입학을 결심했습니다. 한국교원대학교 석사 특별전형은 대학원으로 파견 근무를 하게 되어서 교직을 잠시 벗어나 '수업'과 '교육'에만 모든 에너지를 쏟는 좋은 기회였으니까요.

## : 졸업하고 8년 만에 다시 만난 캠퍼스의 봄

2017년 봄, 저는 한국교원대학교를 다시 만났습니다. 정말 꿈같았죠. 처음에는 낯설고 맑게 웃고 있는 어린 학부생들이 부럽기도 하고 반갑기도 했습니다. 개강한 지 한 달도 채 되지 않아 금방 삶에 적응해 버렸습니다. 수업을 듣고 과제를 하고 쉬는 시간에 동기들과 차를 한 잔 마시며 오늘 수업에 대해 담소를 나눕니다. 예전에 걷던 거리를 걸어 보고 예전에 먹던 음식을 먹어 봅니다. 모든 게 조금씩 변했지만 거의 제가 가지고 있는 기억과 비슷합니다.

대학으로 돌아와 캠퍼스 생활을 하며 제가 하고 싶은 공부도 하고 교수님들과 동료 선생님과 함께 사회 교과에 관해 이야기하는 시간은 저에겐 정말 축복이었습니다. 하지만 교수님들과의 수업에서 다시 저는 '미생'이 되고 말았죠. 제가 잘못 알고 있던 지식, 제가 잘못 실천했던 수업 사례들이 가슴에 팍팍 꽂혀 버리는 것이죠. 2년간 대학원 파견을 마치고 현직으로 돌아온 시점에서 저는 당연히 아직 '완생'이 아닙니다. 재미있게도 오히려 공부하면 할수록 어렵더라고요. 사회 수업도 어렵고 교육이라는 것이 어렵고 제 교사 생활 자체도 어렵다는 것을 깨닫는 시간이었습니다.

한국 바둑의 전설인 이창호 9단은 '바둑에는 훌륭한 교사인 '복기'가 있다'라고 말했습니다. 복기는 자신이 이긴 바둑이든 진 바둑이든 다시 한 번 쭉 그 바둑을 둬 보면서 잘한 부분, 잘못한 부분을 짚어보는 것을 의미하는 바둑 용어입니다. 인생 또한 복기가 훌륭한 교사인 건 마찬가지입니다. 우리는 어떤 일을 겪으면 그 일이 좋든 싫든 복기해 나가야 합니다. 저 또한, 제 학부생 시절, 교직 시절을 복기하며 대학원 입학을 하고 석사 공부를 마칠 수 있었습니다.


## : 교사에게 자기계발은 숙명과도 같은 것

교사에게 자기계발은 어찌 보면 숙명인 것 같습니다. 대학 시절에 배운 교육에 대한 지식과 교직 생활을 하면서 깨달은 지식은 정말 다릅니다. 또 현장에서 아이들과 함께 생활하면서 얻게 된 교육학 내용과 대학과 연구기관에서 연구물로 내놓는 교육학 내용도 정말 다르죠. 그 격차를 조금이라도 줄이려면 교사는 책을 읽고 대학원에 다니고 고민하는 수밖에 없을 것입니다.

현장에 계신 선생님이라면 교육대학이나 교원대학교의 파견 근무를 한 번 활용해보는 것도 좋을 것 같습니다. 몸으로 체험하는 교육과 책으로 보는 교육은 다르니까요. 비로소 둘 다 알 때 조금이나마 제 교육관에 자신이 생기더라고요. 그리고 많은 행정 업무로 인해 시달리면서 아이들과의 갈등, 학부모님과의 갈등으로 동료 교사와의 관계에서 상처받고 있는 선생님들이 많다는 것을 알고 있습니다. '교사 소진'이라는 이야기를 참 많이 하죠. 그만큼 선생님들이 학교생활을 하면서 정말 많은 에너지를 쏟습니다. 이분들께도 파견 근무는 마음을 치료해주고 다시 교사로서의 초심을 생각하게 해주는 새로운 희망이 될 수 있습니다.

# 5

# 미투 운동 속 남녀 갈등, 지나치면 안 된다

몇 년 전부터 미투Me too 운동이 일파만파 퍼지고 있습니다. 상처 입은 피해자가 용기를 내서 가해자의 행동을 다양한 경로로 고발하고 한 명이 가해자를 폭로하면 그에 대한 추가 폭로가 나오기도 하죠. 시간도 얼마 걸리지 않습니다. 짧게는 하루, 길게는 일주일 안에 우후죽순 터져 나오기도 합니다.

또 위드유With you 운동으로 용기 낸 피해자들에게 힘을 실어주기도 합니다. 미투 운동은 분야도 다양해서 법조계, 문화 예술계, 방송 연예계, 스포츠계 등 사회 전체에 영향을 주고 있다고 해도 무방할 정도입니다. 한참 미투 운동이 유행할 때는 포털 사이트에 접속했을 때 유명인이 실시간 검색어로 오르는 순간 '설마 저 사람도 미투 가해자?'라는 생각이 머릿속을 스쳐 가는 것은 단순히 저의 예민한 성격 때문만은 아닐 것입니다.

미투 운동은 권력과 지위를 이용해 피해자를 성적으로 억압하는 가장 추악하고 부끄러운 범죄를 자의든 타의든 간에 줄일 수 있는 문화를 만들어내고 있고 만약 범죄가 일어나더라도 이제는 범죄 사실을 당당하게 말할 수 있는 사회적 분위기를 만들고 있습니다. 이러한 움직임은 죄를 저지르는 사람은 힘이 강하기에 편히 발 뻗고 자고 피해자는 약자여서 피폐한 인생을 살아가는 모순된 사회 부정의를 해결할 수 있는 구체적인 방안으로 등장하면서 훗날 사회적으로 매우 영향력이 큰 운동으로 기록될 것입니다.

## : 남녀 갈등, 우리가 해결해야 할 숙제

그런데 우리는 미투 운동이 진행되면서 그 속에서 불거지고 있는 사회적 갈등에 관해서도 관심을 가질 필요가 있습니다. 최근에 가장 사회적으로 첨예하게 대립하고 있는 문제가 무엇인지 확인하는 일은 매우 쉽습니다. 예전처럼 신문의 사설을 읽어보거나 길거리에서 사람들에게 사회 문제가 무엇인지 질문해볼 필요가 없습니다. 유명 포털 사이트에서 가장 많은 사람이 읽은 기사를 찾아 들어가 위에 올라와 있는 댓글 몇 개만 읽어보면 쉽게 알 수 있죠.

물론 인터넷의 두 얼굴로 볼 수 있는 익명성을 이용해 타인을 비하하고 조롱하는 악성 댓글들도 많지만 댓글들을 읽다 보면 공감과 비공감 속에서 열띤 토론을 벌이고 있는 의미 있는 사회 문제들도 확인할 수 있습니다. 저는 그래서 이 방법으로 찾아낸 사회 문제 중 어린이도 관심 있어 하는 내용이 있으면 토론의 주제로 잘 활용하고 있습니다.

　몇 해 전에 '펜스룰'이 미투 대처법으로 유행하고 있다는 기사를 본 적이 있습니다. 펜스룰은 마이크 펜스 미국 부통령이 한 말에서 유래되었는데요. 한마디로 표현하면 '아내 외의 다른 여자들과는 밥도 먹지 마라'로 정리할 수 있습니다. 즉 남녀 단둘이 있는 것을 금기하면서 오해의 씨앗조차 처음부터 남기지 않는다는 것이죠.

　사실 이 규칙은 '결혼하면 이혼할 수 있으니 결혼하지 마라', '밤에 돌아다니면 강도를 만날 수 있으니까 밖에 나가지 마라'와 같이 희박한 가능성의 결과들을 명백한 인과관계인 것처럼 이해해서 일상적인 선택을 제한해버리는 극단적인 행동 유형의 오류입니다. 하지만 저는 남녀를 불문하고 이 규칙에 대해 동조하는 여론이 꽤 늘고 있다는 점이 더 놀랍습니다. 더욱더 충격인 것은 이 기사의 일명 '베댓(가장 많은 공감을 받은 댓글)'들입니다.

　'남자를 잠재적 성범죄자로 몰고 가니 우리도 여자를 잠재적 꽃뱀으로 몰겠다.'

　'맞다. 한국 남자들이랑은 밥도 먹지 말아야 한다. 정상인 남자를 찾아보기 힘들다.'

정말 남녀 갈등이 극에 치닫고 있는 것을 확인할 수 있습니다. 여자는 남자를 '잠재적 성범죄자'로 부르고 남자는 여자를 '잠재적 꽃뱀'이라고 부릅니다. 사실 이들이 말하는 '성범죄자'와 '꽃뱀'은 아주 소수의 극단적인 사례임에도 마치 한국 남녀 전체를 규정하듯이 이야기합니다.

또 '한남충', '메갈' 등 남녀 비하 발언이 등장하는 악성 댓글도 예전 같은 경우에는 많은 사람이 신고하고 공감을 얻어내지 못하고 삭제되는 일이 많았지만 최근에는 수많은 사람이 이러한 글을 지지하기도 합니다. 성적인 범죄에서 아무 상관이 없는 평범한 남녀들마저도 왜 서로를 잠재적인 가해자로 호칭하면서까지 뜨겁다 못해 무서울 정도로 키보드 난타전을 벌이는 것일까요?

심지어 미투 운동이 유행하던 몇 년 동안 남녀의 조화로운 삶에 대해서 처음 배우기 시작하는 초등학교 교실에서도 남녀 갈등 문제가 비슷한 유형으로 등장하고 있습니다. 남학생과 여학생이 짝을 하지 않으려 하는 경우가 눈에 띄게 늘었고 쉬는 시간에 남녀 아이들이 서로 몸이 스치기라도 하면 여기저기서 "미투!"라는 소리가 들렸어요. 물론 장난으로 뉴스나 인터넷에서 본 용어를 사용하는 것이 대부분이지만 씁쓸한 생각이 듭니다.

SNS에서도 남자와 여자가 편이 나뉘어 상대방 성별을 비하하기도 합니다. 이것은 학교 수업 시간으로도 들어와서 남녀가 함께 어우러지는 것이 중요한 모둠 활동이나 체육활동을 할 때도 아이들이 소극적으로 행동하는 일이 많아지고 있습니다.

## : 우리가 놓치고 있는 것: 남녀는 '틀린 존재'가 아니라 '다른 존재'

우리나라 맞춤법 중 가장 많이 혼동하는 표현 중 하나는 '틀리다'와 '다르다'입니다. '틀리다(wrong)'의 반대말은 '맞다(right)'이고 '다르다(different)'의 반대말은 '같다(same)'입니다. 또 '틀리다'는 개인적인 가치판단이 들어간 단어이고 '다르다'는 객관적인 판단 기준에 의해 작동하는 가치중립적인 표현이라는 점에서도 차이가 있습니다.

이 영어 단어들의 의미를 아는 사람들이 이것을 혼동해서 쓰는 경우는 거의 드물지만 오히려 한글을 쓸 때 '다르다'와 '틀리다'를 잘못 쓰는 사례를 매우 쉽게 찾아볼 수 있습니다. 많은 사람은 "남자와 여자의 성향은 원래 틀려"와 같이 "다르다"를 써야 할 때 "틀리다"를 잘못 사용하고 있는 것이죠.

이런 단어 선택의 실수가 반복되었기 때문일까요? 최근 남녀 갈등 문제를 폭발시키고 있는 글들을 보면 이제는 '틀리다'라는 단어를 실수로 사용하는 것이 아니라 원래 의미 그대로 남자는 여자를 '틀린(잘못된)' 존재로 보고 여자 역시 남자를 '틀린(잘못된)' 존재로 보는 느낌마저 듭니다.

정말 남자와 여자는 옳지 않은 존재들일까요? 절대 아니겠죠. 인간에게는 평등하고 소중하게 대우받을 수 있는 인권이 있으니까요. 남녀는 서로 다른 존재일 뿐입니다. 인간이 태어날 때 남자로 태어나서 '틀렸고', 여자로 태어났다고 '옳다'고 판단하는 것은 생명존중의 가치관에 어긋나는 것입니다. 우리는 다른 성을 가지고 태어나 다르게 살아갈 뿐이죠.

미투 운동에서 나오는 가해자의 행동이 틀린 것이지, 그 행동으로 모든 남녀가 틀린 존재가 될 수는 없다는 것을 명심해야 합니다. 미투 운동의 창시자라고 불리는 타라나 버크 역시, 미투 운동이 여성과 남성의 대결 구도로 가는 것을 경계하고 있습니다. 하지만 이 경계는 우리나라를 칭하고 있다고 해도 무방할 정도로 남녀의 대결 구도는 갈수록 심해지고 있습니다. 한 번 더 미투의 고발대상은 성범죄를 저지른 '가해자'이지 남녀 전체가 아님을 인식해야 합니다.

## : 갈등하다가도 타협하는 균형 잡힌 남녀문화가 자리 잡길

흑과 백이 함께 어우러져 한판의 바둑을 만드는 것처럼 우리의 인생에서 남녀는 함께 살아갑니다. 바둑에서 흑과 백은 항상 싸우기만 하는 존재일까요? 전혀 그렇지 않습니다. 바둑에서는 명승부가 펼쳐질 때 그 대국을 비로소 '명국'이라고 부릅니다. 명국의 두 가지 조건을 살펴보면 흑과 백이 어떻게 조화를 이루어야 하는지 알 수 있습니다.

첫 번째 명국의 조건은 바로 균형과 조화입니다. 흑과 백이 잘 어우러지는 초반 포석, 대국이 끝났을 때 서로 적절히 집을 나눠 가진 반집 승부, 이런 대국을 명국이라고 부르죠. 한쪽이 쉽게 상대방을 공격해서 대국이 끝나거나 서로 무리해서 남이 지은 집에 들어가 화만 내는 바둑은 명국이라 부르지 않습니다. 즉 바둑이 한 수씩 교대로 두는 균형에 맞추어 서로가 조화롭게 어우러졌을 때 명국이라 부르는 것입니다.

두 번째 명국의 조건은 갈등과 타협입니다. 이세돌이나 이창호 같은 우리나라를 대표하는 초일류기사들의 명국을 보면 재미있는 점을 발견할 수 있습니다. 바로 시도 때도 없이 일어나는 갈등과 타협입니다. 흑과 백이 이리저리 얽혀 전투해서 금방 바둑이 끝날 것 같다가도 어느 순간 타협이 일어나 바둑이 이어져서 끝내기까지 가고 그 바둑은 명국이 됩니다. 마치 다양한 사람들과 수많은 갈등을 겪다가 타협을 통해 문제를 해결해 가는 한 사람의 멋진 인생과 같다고 비유할 수 있습니다.

'균형과 조화', '갈등과 타협'의 두 가지 명국의 조건은 남녀 갈등으로 아픔을 겪고 있는 우리 사회에 많은 시사점을 던져줍니다. 바둑의 흑과 백처럼 너무나도 다른 존재인 남성과 여성이 조화롭게 어우러지는 삶, 남성과 여성이 무조건 싸우기만 하는 대립의 관계로만 보는 배타적 남녀문화에서 벗어나 갈등하다가도 타협하는 균형 잡힌 남녀문화가 정착할 수 있기를 기원합니다. 저도 초등교사로서 역할이 분명해졌습니다. 아이들에게 진정한 성 평등이 무엇인지 알려주고 남녀 간의 화합과 조화가 얼마나 가치 있는 일인지 함께 공부해 나가야겠습니다.

# 6

## 선생님!
## 인류는
## 어디에서
## 온 건가요?

'우리는 어디서 왔는가? 우리는 누구인가? 우리는 어디로 갈 것인가?'

제가 좋아하는 프랑스 화가 폴 고갱이 1897년에 만든 작품의 제목입니다. 인간 존재의 근원에 대한 철학적인 질문이 담겨 있죠. 이 말을 음미해보면, 우리의 과거를 알면 우리가 누군지 알 수 있으며 그것을 토대로 우리의 미래 방향을 정할 수 있다는 중요한 진리가 담겨 있는 질문입니다.

폴 고갱의 작품 속 '우리'를 '인류'로 바꾸어 생각해볼까요? 인류가 누구이고 인류가 앞으로 나아갈 방향을 알기 위해서는 인류가 어디에서 왔는지에 대한 고민이 필요합니다. 인류는 3차 혁명이라 불리는 정보

혁명이 시작된 지 얼마 지나지 않아 '인공지능'이 출현하면서 4차 혁명의 바람이 불고 있습니다. 현대 사회의 인류는 정말 짧은 시간에 비약적으로 발전하면서 너무 앞만 보고 달려가고 있는 것은 아닐까요?

아마도 이 질문의 답을 가장 많이 고민하는 현대의 소설가는 베르나르 베르베르일 것 같아요. 모국인 프랑스보다 한국에서 인기가 더 좋다고 책 서문에 감사 인사를 할 정도로 한국 독자들에게 익숙한 작가죠. 나왔다 하면 항상 베스트셀러가 됩니다. 「개미」, 「뇌」와 같은 작품으로 선풍적인 인기를 끌었고요. 베르베르는 한국 독자들이 자신의 작품을 좋아하는 이유가 작품 속에서 드러나는 도전 의식과 새로운 발상이 한국인과 궁합이 잘 맞기 때문일 것이라고 말합니다.


### : '우리는 어디서 왔는가?'에 대한 생각 「아버지들의 아버지」

학교에서 초등학교 고학년 담임을 맡으면 아이들에게 이런 질문을 많이 받아요.

"선생님, 인간은 처음에 어떻게 생긴 거예요? 그리고 '나'는 누구예요?"

사춘기 학생들이 고민하는 전형적인 질문들이죠. 그때마다 참 대답하기가 어려워요. 일단 인간이 어디에서 왔는지는 여러 설이 있어서 정확한 답이 있는 것도 아니고 그것을 초등학교 수준으로 이해시켜야 하니까요. 그리고 '내가 누구인가?'라는 질문은 저도 답을 모르니 대답해줄 수 없습니다.

이런 아이들의 질문에 답하기 위해서 이 책이 참 유용한 것 같아요. 바로 베르베르의 「아버지들의 아버지」라는 책입니다. 이 책은 1999년 한국에서 출판되었는데요. 제목에서 느껴지듯이 인류의 기원이 어디서 왔는지를 찾아가는 과정이 그려져 있습니다. 이 책이 출판된 당시에는 21세기를 코앞에 두고 있었는데요. 지금까지도 인류의 기원을 설명하는 많은 가설들이 수없이 만들어져 왔지만 명확한 정설은 없는 상태입니다.

그 이유는 바로 '빠진 고리missing link'를 설명하지 못했기 때문입니다. 즉 원숭이가 인류로 진화했다는 가정을 생각해 보면 원숭이가 인류로 바로 진화했다는 설명은 설득력이 부족합니다. 분명 중간 단계의 무언가가 존재할 텐데 그것을 찾지 못한 것이죠. 이 소설은 어느 인류학자가 이 '빠진 고리'를 찾아냈다는 엄청난 사건으로 시작합니다.

"나는 인류가 왜 그리고 어떻게 생겨났는지를 알고 있다. 우리가 흔히 '빠진 고리'라고 부르는 그것의 정체를 나는 안다."

하지만 이 학자는 '누군가'에 의해 살해당하고 맙니다. 그 비밀이 알려지면 큰 피해를 보게 되는 '누군가'에 의해서요. 이때 용의자로 지목되는 사람들은 다양한 인류의 기원을 주장하는 사람들입니다.

이 사건은 결국 증거 부족으로 경찰의 수사가 중단되고 말지만 소설이라면 언제나 등장하는 모험심이 강하고 정의로운 주인공들이 나타나 이 사건을 직접 조사하면서 다양한 인류의 기원에 관한 이야기를 듣게 되고 사건의 실마리를 풀어나가게 됩니다.


## : 이 책의 관전 포인트 셋

베르베르는 인터뷰에서 '인류의 기원'이 우리가 반드시 생각해야 하는 중요한 주제임에도 일반인들이 생각하길 꺼리고 있다고 말합니다. 그 이유는 과학책을 통해서 딱딱하게 그 내용을 만나기 때문이라고 해요. 그래서 그는 이 주제로 좀 더 쉽게 독자들에게 다가가기 위해 이 소설을 쓴 것입니다. '살인사건', '액션과 로맨스'와 같은 소설의 플롯이 가지는 장점 말고도 이 책은 세 가지의 매력을 가지고 독자들을 몰입시키고 있습니다.

첫째, 대조적이지만 궁합이 잘 맞는 두 주인공이 등장합니다. 이 소설의 주인공은 이지도르 카첸버그라는 남성 기자와 뤼크레스 넴로드라는 여성 기자입니다(이 인물들은 후에 베르베르의 또 다른 소설인 「뇌」와 「웃음」의 주인공으로 다시 등장합니다).

두 주인공은 여러 면에서 대비되는 특성이 있습니다. 이지도르는 매우 큰 체구를 가지고 있지만 비폭력주의자입니다. TV를 틀었는데 비도덕적이고 선정적인 뉴스가 계속 흘러나오자 뜨거운 눈물을 흘리는 큰 덩치 남자죠. 하지만 사건을 조사할 때만큼은 섬세하고 침착하며 창의적입니다.

이에 반해 뤼크레스는 마르고 작은 체구를 가졌습니다. 그런데 본인 식으로 태권도를 재해석한 '보육원식 태권도'로 건장한 남자 여럿을 제압하고(프랑스 소설에 태권도가 나와서 참 반가웠습니다) 속도감을 즐길 줄 알아 고속 오토바이를 몰고 다닙니다. 또한 투철한 정의감과 모험심으로 위기를 극복해 나갑니다. 이렇게 성별, 체형, 성격이 완전히 다른 두 주인공이지만 찰떡궁합의 호흡을 자랑하며 미궁의 살인사건을 해결해 나가는 데서 재미를 느낄 수 있습니다.

아마 그건 기자 생활을 하다 상처를 받고 칩거하게 된 아웃사이더 이지도르와 부모에게 버려져 보육원에서 자란 상처를 품고 살아가는 뤼크레스가 서로의 아픔을 어루만져주기 때문일 것입니다. 독자들은 소설이 진행되는 동안 성장하는 두 주인공을 보는 것이 참 흐뭇합니다. 한 편의 성장 영화를 보는 느낌입니다.

둘째, 현재와 과거를 오가는 독특한 진행방식입니다. 이 책은 두 개의 큰 축으로 진행됩니다. 하나는 현재의 미싱 링크 살인사건과 그 해결 과정이고 다른 하나는 376만 년 전 인류의 관점에서 본 과거의 삶입니다. 이 두 축은 완전히 시간적으로 동떨어져 있는 차원의 것이지만 작가는 이 둘을 자꾸만 연관시킵니다.

현재 시점에서 지진이 일어나면 과거에도 지진이 일어나고 현재에 별똥별이 떨어지면 과거에도 별똥별이 떨어집니다. 이러한 방식은 현재의 인류와 과거의 인류가 시간은 떨어져 있을지라도 공간은 공유한다는 것을 암시하면서 현재를 살아가는 독자들에게 과거를 친숙하게 만들어주는 역할을 합니다.

셋째, 인류의 기원에 대한 작가의 상상력입니다. 이 책에는 기존의 인류기원에 관한 이론인 진화론, 용불용설 이론, 창조론과 더불어 작가의 무한한 상상력을 토대로 한 다양한 이론들이 등장합니다. 책을 읽다 보면 그럴싸하다고 느끼는 이론부터 너무 어이없어서 헛웃음을 치게 하는 이론까지 다양합니다.

예를 들면 원숭이가 인간으로 변했다는 진화론은 거짓이고 인간은 몇백 년 안에 원숭이가 될 것이라는 '역진화론', 인간은 외계에서 온 바이러스에서 생겨났다는 '별똥별 이론', 인간은 원래 바다의 영장류였다는 '해양기원론' 등이 있습니다. 특히 원숭이로 인간이 다시 변할 수도 있다는 '역진화론'은 생각하면 정말 섬뜩합니다.

수컷 원숭이와 암컷 어떤 동물(우리에게 친숙한)과 교배하여 인간이 탄생했다는 '빠진 고리'에 대한 비밀은 정말 충격적입니다(친숙한 이 동물이 누구인지 궁금하다면 책을 통해 확인해보길 바랍니다). 작가의 이러한 기상천외한 상상력은 이 책의 진정한 하이라이트입니다.


## : 인류는 완성된 존재가 아니다!

지금까지 인류는 자신들을 가장 완벽하고 완성된 존재로 가정하고 완성에 이르기까지 어떤 과정을 겪었는지를 찾는 데 많은 시간을 할애했습니다. 하지만 이런 인류의 시각은 큰 오류를 범하고 있습니다.

인간이라는 종은 우월하고 완성된 존재이며 인간이 아닌 다른 종들은 불완전한 존재라는 가정은 너무나 위험한 생각이니까요. 동물에 대한 학대, 무분별한 환경오염, 돈과 명예 권력을 위해 벌어지는 짐승보다 더 끔찍한 전쟁과 살인사건…. 완벽한 존재라고 하기엔 인간은 너무 불행합니다.

> 우리 모두는 과도기적인 존재에 불과해요. 진정한 인간은 아직 나타나지 않았어요. 그렇다면…. 우리가 바로 빠진 고리예요.

이 책의 결말에 등장하는 이 말처럼 우리는 아직 진정한 인간이 아닐지도 모릅니다. 작가는 앞만 보고 달려가는 인간은 넘어져 크게 다칠 위험이 있다고 우리에게 충고해주고 있는 것이죠. 천천히 과거를 되돌아보는 시간도 필요함을 우리는 깨달아야 합니다. 인간의 주변을 둘러싸고 있는 모든 환경과 어울려 조화롭게 살아가는 진정한 인류가 나타났으면 좋겠습니다. 그건 아마 교육을 통해 가능할 것입니다. 자라나고 있는 어린이들에게 지속가능성을 가르치고 인간 이외의 환경과 더불어 살아가는 것을 가르치는 것이 정말 중요하겠죠. 이런 생각을 하다 보니 초등교사가 얼마나 가치 있고 막중한 책임이 있는 직업인지 새삼 느끼게 됩니다. 선생님이 되길 참 잘한 것 같아요.

# 7

# 아이
# 한 명을
# 잘
# 키우려면

얼마 전, 일을 마치고 집에 돌아와 저녁 식사를 하는데 아내가 분노와 걱정이 섞인 목소리로 저에게 말했습니다.

"여보, 오늘 뉴스 봤어? 또 아이를 학대한 사람이 있대."

"뭐? 또? 어린이집이야?"

"아니, 이번엔 정부 지원 돌보미래. 14개월 아이를 학대했대."

아내의 말을 듣고 곧바로 스마트폰으로 뉴스 영상을 찾아봤습니다. 보자마자 너무 무섭고 놀랐습니다. 첫째로는 눈에 넣어도 안 아플 14개월 아이를 학대하는 모습에 분노가 치밀었고요. 둘째로는 정부 지원 아이 돌보미가 아동을 학대했다는 사실에 할 말이 없었습니다. 여성 가족부가 하는 사업이라 믿을 수 있는 제도라 생각했기 때문에 충격이 더 컸던 것입니다.

## : 영상 속 14개월 아이, 내 아들의 14개월이 떠올랐다

영상 속 아이 돌보미는 14개월 아이가 밥을 먹지 않는다며 뺨을 때리고 밀치기까지 했습니다. 순간 아들의 14개월 때 모습이 생생하게 떠올랐습니다. 첫째가 14개월 때는 걷기 시작한 지 채 한 달여 밖에 되지 않아 이리 걷다 쿵, 저리 걷다 쿵 하는 사랑스러운 시기였습니다. 둘째는 걷는 것이 조금 느린 편이라 아직도 기어 다니거나 급하면 배밀이를 하기도 했죠. 좋아하는 반찬이 있거나 배가 매우 고프면 밥을 잘 먹었지만 맛이 없다고 생각하는 음식이 있거나 배가 별로 고프지 않으면 입에 있는 음식을 수시로 뱉곤 했습니다.

만약 아내가 육아 휴직을 하지 않았더라면 아마도 저는 정부 지원 아이 돌보미 서비스를 신청했을 것입니다. 한마디로 우리 아이도 밥을 먹지 않는다는 이유로 영상 속 아이처럼 말도 안 되는 학대를 당했을지 모른다는 것이죠. 그런 생각이 드니 더 속이 쓰렸습니다. 영상을 통해 처음 아이의 모습을 본 저도 이렇게 억장이 무너지는데 영상을 공개한 부모의 마음이 어땠을지는 정말 상상하기 힘듭니다.

가장 안타까운 것은 학대받은 아이입니다. 아들은 14개월 때 부모가 자신의 시야에서 잠시만 보이지 않아도 불안해 대성통곡을 했었거든요. 아이의 얼굴이 실수로 팔꿈치나 무릎에 살짝이라도 닿는 날이면 저는 아이가 혹시 다치지는 않았는지, 많이 아프지는 않은지 전전긍긍 하곤 했습니다.

그런데 영상 속 아이 돌보미는 아이의 뺨을 때리고 밀치고 꼬집고 꿀밤을 때리기까지 했습니다. 게다가 아이가 울고 있는데도 아랑곳하지 않고 오랫동안 방치했죠. 부모가 꼭 안아주고 달래주어도 세상에 대한 불안과 두려움으로 하루를 보내는 두 살배기 아이가 3개월이라는 긴 시간 동안 낯선 사람에게 학대를 받으면서 얼마나 무섭고 힘든 시간을 보냈을지 생각하니 가슴이 아려옵니다.

## : 어린이집 선생님, 정말 감사합니다

우리 집에는 저를 기다리는 세 명의 가족이 있습니다. 세 돌이 지나 감정 표현을 섬세하게 잘하고 예쁜 이모들의 노래를 종일 부르면서 집 안 전체를 돌아다니는 첫째 아들, 한 명은 이제 어린이집에 간 지 세 달이 되어서 엄마 없이 울면서 힘들게 낮잠을 자는 둘째 아들입니다. 마지막 한 명은 이제 곧 복직을 앞둔 사랑스러운 제 아내입니다. 저는 아이들과의 수업을 마치고 퇴근 시간이 되면 동 학년 선생님들에게 이렇게 말하곤 합니다.

"저, 이제 집으로 출근합니다!"

사실 아동 학대 사건이 발생했던 때에는 우리 가족이 가장 힘든 시기를 겪고 있었습니다. 저는 교원대학교 대학원 석사 파견을 마치고 학교로 다시 복직해서 아주 오랜만에 아이들과 수업하면서 적응하고 있었고 아내는 둘째 출산이 가까워진 만삭의 몸이라 숨 쉬는 것도 점점 힘들어하고 있었습니다. 그런데 엎친 데 덮친 격으로 감기까지 걸렸던 것이죠. 만삭에 기침하면 배가 많이 아프다고 합니다. 그 당시 세 살배기 첫째 아들은 어린이집에 처음 다니기 시작했던 시기이죠. 아이가 다니는 어린이집은 그해 3월에 문을 열었는데 그러다 보니 모든 아이가 처음 어린이집에 온 것이라 적응하는 데 다들 애를 먹고 있었습니다.

첫째는 매일같이 울면서 어린이집에 들어갔다가 울면서 나오는 과정을 몇 번 반복하다 보니 아이가 조금씩 어린이집에 적응해 갔습니다. 어린이집 선생님이 아이를 사랑으로 잘 감싸주셨고 집에서 부모가 아이가 어린이집에 잘 다닐 수 있게 열심히 격려하고 칭찬한 덕분일 것입니다.

그런데 잘 적응해 가는 과정에서 큰 암초를 만났습니다. 아이가 밤 사이 열이 40도까지 올라간 것이죠. 병원에서 수액을 맞고 엑스레이를 찍어보니 기관지 폐렴이었습니다. 낯선 공간인 어린이집에서 생활하는 것이 우리 생각보다 훨씬 힘들었나 봅니다. 결국 첫째는 3박 4일 동안 생애 첫 입원을 하게 됐습니다. 병원에 있는 동안 고열과 기침으로 힘들어하고 기력이 부족해 밥도 제대로 못 먹었습니다. 종일 축 처져 있는 아이를 보고 있으니 저도 눈시울이 붉어지더군요. '아이가 이렇게 아프고 힘든데도 어린이집을 계속 가야 하나?라는 생각이 자꾸만 머릿속을 스쳐 갔습니다.

하지만 답은 정해져 있었습니다. 보낼 수밖에 없는 것이 현실이었죠. 한 달 후면 둘째 아이가 태어날 예정이었으니까요. 짧은 휴가를 받아 첫째 아이를 돌볼 수 있었지만 휴가가 끝나면 낮 동안의 육아는 오롯이 아내가 떠안게 되었죠. 사실상 신생아와 세 살배기 아이를 출산한 지 얼마 되지 않은 여자가 혼자 돌본다는 것은 불가능에 가깝거든요. 어쩔 수 없이 첫째 아이를 어린이집에 보낼 수밖에 없었던 것입니다.

그리고 둘째 아이가 어느 정도 크면 아내도 복직해야 합니다. 벌써 4년이나 쉬었거든요. 우리 부부가 함께 일해야 네 가족의 생활이 가능합니다. 현재 양가 부모님이 모두 경제생활을 하고 계셔서 육아 도움을 받을 수 있는 상황도 아니고요. 이런 상황이다 보니 아이를 돌봐줄 어린이집이 절실히 필요한 것입니다. 아이를 키우는 많은 부모가 우리 가족과 비슷한 상황을 경험하고 있을 것입니다.

## : 아이 하나를 잘 키우려면 마을 전체가 필요하다!

아이 돌보미 학대 사건 이전에도 어린이집에서의 아동 학대 사건은 끊임없이 언론을 통해 보도되었습니다. 아동 학대는 많은 사람의 공분을 사는 매우 흉악한 범죄입니다. 저를 포함해 아이를 키우는 부모들이 사건을 접하면서 처음엔 분노하고 마음 아파하다가도 돌보미 서비스를 신청할 수밖에 없고 어린이집에 보낼 수밖에 없는 현실에 착잡함을 느낍니다.

무엇보다 중요한 것은 이런 일이 다시는 일어나지 않아야 한다는 점입니다. 아동 학대 범죄자에 대한 처벌 강화, 아이 돌보미와 어린이집 교사에 대한 인성검사의 강화, 아이 돌봄 서비스를 신청할 시 CCTV 설치 지원 등 노력해야 하는 부분이 산더미입니다. 물론 이러한 것들이 보완된다고 해서 근본적인 문제를 완벽하게 해결할 수는 없겠지만 피해 아동의 수를 최대한 줄이려면 필요한 제도적 장치들입니다.

"아이 하나를 키우는 데 마을 전체가 필요하다"라는 유명한 아프리카의 옛 격언이 있습니다. 이 말은 아이 하나를 제대로 키우려면 부모뿐 아니라 다른 가족, 이웃이 모두 부모와 같은 마음으로 도움을 줘야 함을 뜻합니다. 현재 우리나라가 겪고 있는 보육 관련 문제 해결을 위해 절실히 요구되는 격언입니다. 부모를 대신해 아이를 돌봐주는 모든 사람이 '너희 집 아이'가 아닌 '우리 마을이 키우는 아이'라는 책임감을 느끼고 사랑으로 대했으면 좋겠습니다.

저도 학교에서 어린이들을 가르치다 보면 아이 한 명이 잘 성장하기 위해서는 혼자만의 힘으로는 부족하다는 걸 깨닫습니다. 선생님만의 힘으로 되는 것도 아니고 부모만 노력한다고 해서 되는 것도 아닙니다. 선생님과 부모, 친구들, 지역사회 어른까지 함께 힘을 합쳐서 어린이들의 성장을 도와야 합니다.

저는 내일도 자기 몸만 한 노란색 가방을 메고 어린이집에 갈 아이를 생각하며 하루를 보낼 것입니다. 아빠로서, 어른으로서 아이들의 밝은 웃음, 신나는 발걸음을 꼭 지켜주고 싶습니다.

# 교권 침해 없는 신학기를 위한 제언

몇 년 전 교육계를 뜨겁게 달궈놓았던 세종시 한 고등학교의 교원 평가 성희롱 사건, 서이초 선생님 사건 등은 현재 우리나라의 교권 침해 현실을 그대로 드러냈습니다. 신학기를 맞이하는 준비를 하는 2월, 새로운 학생들과 학부모를 맞이할 생각에 설렘으로 가득해야 할 시기이지만, 현장의 선생님들은 어떤 학생이나 학부모가 학급 경영을 힘들게 하지는 않을지, 내가 만약 아동학대 신고를 당한다면 어떻게 대처할 것인지에 대한 걱정과 고민으로 이 시기를 맞이하고 있습니다.

## ： 교권 침해가 걱정되어 학교를 떠나가는 교사들

실제로 최근 장년의 교사들은 명예퇴직으로 학교를 떠나는 사례가 늘고 있고, 젊은 저경력 교사들은 교직을 떠나 새로운 직장을 찾아가는 모습도 쉽게 찾아볼 수 있습니다. 이는 경제 사회적 요인, 개인적인 사유 등 다양한 원인이 있겠지만 최근 교권 침해 현상의 급증이 가장 큰 원인이라고 말할 수 있을 것입니다.

이런 사건은 전국 어디에서든 발생하고 있습니다. 전북 중학교에서의 교사 얼굴 폭행 사건, 충남 한 중학교의 수업 중 휴대폰 촬영 사건을 보면 이게 정말 학생들이 한 행동이 맞을까 의심스러운 사건들이 언론을 통해 보도되고 있습니다. 실제로 학생의 교원침해 건수는 최근 폭증하고 있습니다. 교육부에서는 교권보호위 심의건수를 공개하는데요. 2021년에 2,269건의 사례가 있었는데 2022년에는 3,035건이나 교권 침해가 발생했습니다. 실제로 현장에서 보면 교권 침해 신고를 하지 않는 경우가 훨씬 더 많기 때문에 현장의 상황은 더 심각하다고 말할 수 있습니다.

학생인권조례가 제정되면서 체벌이 금지되어 생활지도의 방법이 한정적이고, 반대로 아동학대 신고의무는 강화시켜서 교사들에게 무거운 책임감은 늘어나고 있습니다. 혹시 학생들을 꾸짖었을 때 아동학대로 신고를 받는다면 어쩌지, 라는 생각에 노심초사해야 하고 학부모에게 학생 행동 변화를 조언했는데 차별로 아이들을 대한다고 교육청에 민원을 제기하진 않을까 염려해야 하는 상황인 것이죠.

그럼 어떻게 교권 침해 문제를 해결해야 할까요? 최근에 교권 침해 문제 해결을 위해 교육부 차원에서 다양한 노력을 하고 있어 현직 교사로서 참 다행이라는 생각이 듭니다. 교원에게 생활지도권을 부여하는 초중등교육법 개정안이 통과되었고 교육부가 2022년 12월 27일 교육활동 침해 예방 및 대응 강화 방안을 발표하기도 했습니다. 이상적인 해결방안이라고 할 수 있는 교육3주체의 노력과 다짐보다 더 효과적인 것은 법적으로 교권을 강화해야 하는 것이기에 교육부의 이와 같은 움직임은 문제 해결을 위해 반드시 필요합니다.

## : 교권 침해 해결 절차를 현장 교사가 알 수 있어야

교권 침해를 예방하는 것이 가장 좋은 해결책이겠지만 현실적으로 모든 교권 침해 사건을 예방할 수 없기 때문에 문제 상황이 되었을 때 어떻게 해결해야 하는지에 대해 현장의 교사가 알고 있는 것이 정말 중요합니다. 실제로 교권 침해를 경험했음에도 교권 침해를 신고하지 않고 넘어가는 사례가 정말 많습니다. 해보지 않은 것에 대한 두려움, 실제로 경험한 선생님들이 적어 안내가 부족한 점이 교사를 망설이게 합니다. 이에 교권 침해 해결을 위해 교육 현장에서 실천할 수 있는 구체적인 방안 세 가지를 제안해 봅니다.

첫째, 교직원 대상 교육활동 침해 예방 교육은 교권 침해 해결 절차를 필수로 다루어야 합니다. 교원지위법 제16조의 3에서는 교육활동 침해행위 예방교육을 교직원과 학생, 학생의 보호자를 대상으로 연 1회 이상 실시하도록 명시되어 있습니다. 교직원을 대상으로 교육활동이 침해되었을 때 즉, 교권 침해가 일어나면 어떻게 대처해야 하는지 교육하게 되어 있지만, 실제로 교권 침해 사안이 발생했을 때 절차를 잘 알고 있는 교사가 얼마나 되는지는 의문입니다. 심지어 학교에 '교권보호위원회'가 있다는 것 자체를 모르는 교사들도 많이 있습니다.

아무래도 교직원을 대상으로 하는 교육활동 침해행위 예방교육을 할 때는 구체적인 교권 침해 신고와 교권보호위원회의 처리방안에 관해 연수를 하기보다는 예방을 위해 교사가 어떻게 해야 하는지에 관해서만 다뤘기 때문일 것입니다. 연 1회 있는 예방 교육에서 교권보호위원회의 구성과 사안 처리 절차가 반드시 들어가도록 교육해야 교사들의 가보지 않은 두려움을 조금이나마 없앨 수 있습니다.

둘째, 교육부와 교육청 주도의 실제적인 교권 침해 해결방안에 관한 연수가 필요합니다. 이건 학교폭력 예방교육과 결이 비슷합니다. 불과 몇 년 전만 해도 교직원들을 대상으로 학교폭력 예방 교육을 할 때 학생들이 서로 학교폭력을 하지 않게 하려면 어떻게 교사가 지도해야 할지에 초점이 맞춰져 있었습니다. 하지만, 최근에는 학교폭력 사안이 발생했을 때 어떻게 사안 처리가 진행되고 전담기구와 심의위원회가 어떤 조건에서 열리고 조치 결과가 무엇이 있는지를 연수로 듣게 됩니다. 학교폭력 사안 처리 절차는 교육청이 담당자 연수를 통해 안내하고 교육부와 지역교육청에서 사안 처리 가이드북을 만들어 배포합니다. 학교에서의 전달 연수도 지속적으로 진행되고 있고, 명확히 업무를 맡는 사람도 정해져 있어서 사안이 발생했을 때 어떻게 대처해야 하는지에 관한 두려움이 상대적으로 덜한 것이죠.

이처럼 교육활동 침해 예방 교육도 이상적으로 '예방'에만 초점을 맞추는 것이 아니라 교권 침해가 일어났을 때 '해결 절차'를 교사들이 알 수 있게 교육이 이루어져야 합니다. 이를 위해서는 교육부와 교육청의 적극적인 홍보와 학년 초 담당자 연수, 교권 침해 사안 처리 가이드북 배포 등의 적극적인 조력이 필요할 것입니다.

셋째, 학교 관리자의 교권 침해 문제 해결을 위한 적극적인 노력이 필요합니다. 교감, 교장 등 학교의 관리자가 교실에서 교육을 한 시기와 지금의 교육 문화는 확연히 달라져 있습니다. 교권 침해의 관점에서 보면 그 심각성은 날로 심해져 가고 있는 게 사실입니다. 따라서 교권을 침해당한 교사가 문제를 해결하고 회복할 수 있도록 학교의 관리자가 적극적으로 조력을 해주어야 합니다. '나 때는 안 그랬어.', '올해만 지나가면 괜찮아.' 같은 소극적인 조언보다는 공감적 이해를 바탕으로 문제 해결을 위해 교권보호위원회를 열고, 교육청이나 관련 기관에 법적 자문을 구하는 등의 실질적인 도움을 주어야 할 것입니다.

이를 위해 학기 초에 교권보호위원회 업무 담당자를 정하고 위원회를 신속하게 구성한 후 교권 침해 해결 절차를 교사들이 알 수 있게 안내할 필요가 있습니다. 교권 침해를 당하면 교사에게 학교와 교육청이 어떤 도움을 줄 수 있으며 교권을 침해한 대상에게는 어떤 조치를 할 수 있는지에 대해 자세히 설명해주는 곳이죠. 학교에 교사를 보호해주고 도와줄 수 있는 든든한 지원군이 있다는 것을 알려주는 것만으로도 교사의 자존감이 올라가고 교권 침해 예방에도 도움을 줄 수 있을 것입니다.

# 선생님은
# 너희를
# 항상 응원할게!

이 책을 쓰면서 교사로서의 제 삶과 한 가정의 아들, 한 여자의 남편, 두 아이의 아빠로서 제 삶을 되돌아보게 되었습니다. 사실 책에 담은 제 어린 시절 이야기는 너무나 힘든 삶으로 묘사되어 있지만 행복한 순간도 그 이상으로 참 많았습니다. 반면에 교사로서의 삶은 너무나 행복해 보이지만 제가 감당하기 힘들 정도로 지치고 힘든 일도 많았습니다. 한 사람의 삶은 정말 복잡하니까요.

복잡한 제 삶에서 일부의 이야기만 이 책에 모은 이유는 우리 사회를 살아가는 모든 사람을 응원하기 위함입니다. 힘든 하루를 긍정의 힘으로 버티며 자신이 맡은 일을 해 나가는 사람들, 집에서 아이를 돌보며 부모로서 책임을 다하고 있는 부모들, 초등학교 교실에서 어린이들과 함께 생활하며 고군분투하는 선생님들이 바로 그 대상입니다. 제 글을 읽으신 분들이 가슴 깊숙한 곳에 숨겨져 있던 따뜻한 감동이 샘솟아 나오기를 희망해 봅니다.

그리고 이 책은 저와 함께 1년을 행복하게 살아온 제자들을 위한 것이기도 합니다. 아이들을 가르치는 첫 해부터 지금까지 사용하는 급훈이 있습니다. 바로 '꿈과 사랑이 가득한 반'입니다. 저는 교실에서 아이들이 꿈을 많이 꾸고 사랑을 가득 받고 타인을 사랑하는 마음을 가질 수 있도록 도와주는 것이 초등학교 담임선생님의 가장 중요한 역할이라고 믿어요.

우리 어린이들은 교실에서 생활하면서 많은 꿈을 꾸어야 해요. 수업 시간에 많은 교과 내용을 접하면서 친구들과 자신의 경험을 이야기하며 교실 밖에 나와 사회를 체험해보며 자신의 미래를 상상하고 꿈꿔볼 수 있죠. 아이들은 초등학교 시기에 꿈을 위해 미리 노력해보는 것도 좋지만 꿈을 꾸어 본다는 것만으로 참 의미 있는 일이 됩니다. 저는 아이들이 다양한 꿈을 꾸고 미래를 그려볼 수 있도록 조언하고 안내하는 역할을 하는 것이죠.

그리고 어린이의 삶에는 항상 사랑이 가득해야 합니다. 가정과 학교에서 사랑을 많이 받고 자란 아이들은 자기 자신도 사랑하게 됩니다. 그런 친구들은 살면서 힘든 일을 겪더라도 자신과 타인을 믿고 스스로 어려움을 극복할 힘이 있죠. 그에 반해 가정과 학교에서 사랑받지 못한 아이들은 자신도 사랑하지 않게 돼요. 타인도 사랑할 줄 모르죠. 그러면서 자존감도 떨어지게 되고 타인과의 관계도 힘들어합니다. 저 역시 어린 시절 가정과 학교에서 받은 사랑으로 힘든 삶을 버텨왔으니까요. 초등학교 교실이 사랑으로 가득해야 하는 이유가 바로 이 때문입니다.

처음 신규 교사로 발령받아 6학년 아이들을 졸업시킨 날 저는 많이 울었습니다. 학생으로서 친구들과 그리고 담임선생님과 이별은 많이 경험해봤지만 선생님으로서 아이들과 이별해보는 것은 처음이라 정말 슬프더라고요. 그 당시 학교에서는 졸업식을 하고 다음 날 다른 학년의 종업식을 했는데요. 종업식 날 아침, 아이들이 없는 빈 교실은 정말 공허했습니다. 그날 선배 선생님께서 저에게 그러시더라고요.

"박 선생이 처음이라 그런 거야. 한 10년 해봐. 이별도 매년 하니까 익숙해지더라고."

그런데 저는 왜 적응이 안 될까요? 저는 그 이후로 매년 아이들과 이별하는 종업식마다 눈물을 흘렸습니다. 오히려 시간이 갈수록 더 많이 울었던 것 같아요. 다음 해에는 3월부터 1년을 꽉 채워서 함께 보낸 첫 해 아이들과의 이별이라 울었고 다음 해에는 학교를 옮기게 되어서 더 애틋해서 울었어요. 자꾸만 이별에 의미를 부여하게 되었고 함께한 1년이 소중하다고 특별하다고 생각하니 더 슬퍼졌습니다.

저와 아이들의 이별 순간에는 항상 음악이 함께했어요. 음악을 듣고 노래 부르는 것이 이별하면서 느끼는 특별한 감정을 표현하는 가장 좋은 방법이 된 것이죠. 3학년 아이들과는 '당신은 사랑받기 위해 태어난 사람'을 함께 불렀고 5학년 아이들에게는 '마법의 성'과 '은인'이라는 노래를 불러줬어요. 그리고 작년에 이별한 4학년 제자들에게는 '세상이 그대를 속일지라도'를 불러줬습니다. 이 노래의 '세상이 그대를 속일지 몰라도 내가 그대 곁에 있음을 기억해요'라는 가사가 너무나 제 마음을 잘 전달해주어서 뿌듯했습니다. 개인적으로 이 노래가 가장 아이들에게 제 마음을 잘 전달해준 것 같아서 뿌듯했습니다.

제가 군대에 있을 때 가장 인상 깊게 읽은 책이 있습니다. 바로 공지영 작가의「네가 어떤 삶을 살든 나는 너를 응원할 것이다」라는 수필집인데요. 사랑하는 딸을 응원하는 부모의 마음을 편지글 형식으로 표현한 책입니다. 인생을 미리 살아본 어른으로서 삶을 함께한 가족으로서 자녀의 삶을 응원하는 마음이 정말 감동적이었는데요. 정말 간절했던 교사의 꿈을 이루고 선생님으로 아이들과 10년간 생활해 보니 그 마음을 이제야 조금 알 것 같습니다. 제자들이 어디에서 어떤 삶을 살든 응원하고 싶습니다.

"애들아! 선생님은 너희가 어떤 삶을 살든 항상 응원할 거야! 사랑한다!"

# 좋은 스승 아래
# 행복한 제자

스승이란 국어의 사전적 의미로는 자기를 가르쳐서 인도하는 사람을 뜻한다. 대부분의 사람들에게는 스승이 있을 것이고, 스승이라는 사람에게 많은 것을 배운다. 스승은 나에게 자신이 가지고 있는 지식을 숨기거나 아끼지 않고, 제자들에게 베풀어주는 모습이 마치 '아낌없이 주는 나무' 같다고 느껴졌다.

많은 지식과 좋은 정보를 알려주시던 여러 선생님들 중 나에게 가장 기억에 남는 선생님 한 분이 계신다. 그분은 바로 나의 초등학교 5학년 때에 담임선생님이시다. 초등학교 때부터 지금까지 11년의 학교생활 중 이분이 가장 기억에 남았던 이유는 학교를 가지 않는 주말까지도 학생들과 시간을 보내는 등 제자들을 위한 시간으로 써주셨고, 다양한 활동을 할 때마다 선생님도 함께 참여하여 한 명의 학생도 소외되지 않도록 애써주셨기 때문이다.

5학년이 끝나고 6학년 때에도 자기가 맡고 있는 학급의 학생이 아닌 작년 제자도 함께 신경 써주셨던 것이 당시에 나는 너무 좋았다. 초등학교 5학년부터 6학년 때까지 2년간 고민이 있다면 어떤 고민이든 항상 적극적으로 들어주시고, 같이 해결해주셔서 초등학교 고학년 시절을 고민 없이 행복하게 마무리할 수 있었다. 이러한 선생님의 노력으로 나는 기억에 남는 학교생활이 될 수 있었다.

선생님의 학급 급훈은 '배랑인'이었다. '배려하고 사랑하는 사람'이라는 뜻으로 친구들과 서로 배려하고 사랑하며 지내는 사람이 되자는 이러한 뜻 깊은 학급 급훈을 만들어주셨다. 또한 친구들과의 사소한 다툼이 있더라도 어떻게 해결해야 하는지와 같은 일이 또다시 일어나지 않을 수 있도록 우리의 눈높이에 맞게 잘 알려주셨다.

이처럼 대인관계에 대해 정확하고 좋은 말들을 많이 해주셨다. 어려워하고, 힘들어하던 공부도 모든 학생이 이해될 때까지 곁에서 포기하지 않고 끝까지 할 수 있도록 응원해주시고 많이 도와주셨다. 덕분에 현재 고등학생이 되어서도 학업에 집중하며 스스로 노력하는 방법을 터득할 수 있게 되었다. 이러한 선생님의 가르침 덕분에 학업은 물론 원만한 대인관계를 유지할 수 있게 되었다.

초등학교 생활이 끝나서도 나에겐 가장 좋은 선생님이셨기에 자주 찾아뵙기도 하였지만 고등학생이 되어서는 가끔의 안부 연락으로 대화를 나누지만 코로나19로 인해 직접 찾아뵙지 못하는 상황이기에 많이 아쉽다. 하지만 지금까지도 연락을 할 때마다 반겨주시고, 나에 대해 좋게 기억해주시는 선생님께 너무 감사드린다.

유독 친구관계에 신경을 많이 쓰고, 외로움을 많이 타며, 쉽게 좌절하던 나에게 항상 좋은 말과 행동을 해주시고, 항상 먼저 다가와 주신 선생님 덕분에 항상 밝고, 쉽게 좌절하지 않으며 힘든 일을 스스로 이겨내는 힘을 기르며 지낼 수 있게 되어 내 기억에서 가장 좋고 감사했던 선생님으로 남게 되었다.

　　나의 꿈은 아이들을 가르치는 어린이집, 유치원 교사이며 내 꿈을 위해 지금처럼 열심히 공부하는 등 많은 노력을 하여 꿈을 이루고, 선생님의 은혜를 기억하며 선생님처럼 아이들에게 좋은 가르침과 좋은 기억을 남겨주는 교사가 되어 많은 아이들에게 내가 배운 지식과 좋은 정보를 배워 아낌없이 나누어줄 것이다. 이렇게 내 꿈의 최종목표는 내가 가장 좋아하고 존경하는 선생님처럼 되는 것이다.

- 민경은(대성여자상업고등학교 학생)

# 그렇게 초등교사가 되었습니다

초판 1쇄 인쇄 · 2020년 11월 20일
초판 3쇄 발행 · 2024년 3월 25일

지은이 · 박현진
펴낸이 · 천정한
펴낸곳 · 도서출판 정한책방

출판등록 · 2019년 4월 10일 제446-251002019000036호
주소 · 충북 괴산군 청천면 청천10길 4
전화 · 070-7724-4005
팩스 · 02-6971-8784
블로그 · http://blog.naver.com/junghanbooks
이메일 · junghanbooks@naver.com

ISBN 979-11-87685-49-4 (03370)